ZHANG Chengzhi

Mon beau cheval noir

Traduit du chinois
par Dong Qiang

Titre original : *Heijun ma*

Mas de Vert
B.P. 150
13631 Arles cedex

En couverture : D.R.

Conception graphique : Picquier & Protière

ISBN : 2-87730-435-3
ISSN : 1251-6007

Depuis longtemps j'ai remarqué que les gens nourrissaient un grand malentendu sur la steppe mongole. C'est peut-être à cause de ses idylles trop répandues. Tous pensent que la steppe n'est qu'un berceau de romances. Quand ils apprennent que je viens de *là-bas*, ils manifestent immédiatement une grande curiosité et un air de fascination, dans lequel je lis aussitôt des mots séduisants tels nuages blancs, jeunes filles en fleur, alcools abondants… Visiblement, ces amis ont du mal à ressentir certaines émotions que ces idylles transmettent, et qui sont en même temps les premières qualités d'un berger.

Dans une steppe sans limites, immense océan d'herbes, un homme sur un cheval s'avance lentement, solitaire. Le soleil brûlant tape directement sur lui. Le cavalier a tangué depuis des jours entiers dans le silence. Partout, des profondeurs de la nature, s'évapore le goût âcre et suffocant des herbes. Indifférent à cette odeur qui lui est habituelle, la peau hâlée et sèche, il pense, fronçant les sourcils, au passé, aux siens, et à toute sa vie dure, remplie de peines. Il est rongé par les remords, les espoirs inassouvis et les blessures intérieures. En face de lui, la steppe ondule dans un souffle paisible. Muet, sans bruit, il s'avance dans ce silence. Une émotion insaisissable et indécise s'échappe de son corps. Telle une fumée, avec légèreté, tout bas, elle tourbillonne autour des sabots de son cheval. Sentiment qui, jusqu'à maintenant, lui est étranger. Indicible est son nom.

C'est une émotion qui passe souvent inaperçue et qui reste inconsolable. Entre terre et ciel, depuis des temps immémoriaux, ici, on ne voit que cette verdure à perte de vue, qui subit une longue et perpétuelle transformation, affligée par le froid et la chaleur, durant des siècles et des siècles. Les hommes deviennent durs et truculents, sauvages et réservés. Tout ce qui émane du fond de leur cœur semble caché derrière le paravent de leur figure masculine, austère et froide. A moins que, sous l'emprise d'un alcool fort, ou à cause de quelques événements très particuliers, cette écorce dure ne s'effrite, et que la partie douce et tendre de l'homme ne se libère ainsi, vous ne pourriez jamais percer le mur de forteresse et pénétrer dans le cœur d'un homme chevauchant dans l'immensité de la steppe.

Pourtant l'âme de ces êtres humains existe bel et bien. Ce sentiment qui s'accumule et reste enfoui au fond du cœur des cavaliers depuis si longtemps commence maintenant à monter dans le silence. Il hésite encore, souffle timide, à jaillir en une mélodie, à se transformer en une saveur, qui ne trouvera jamais d'achèvement dans son expression, mais qui reste simple, pure et primitive. Une âme particulière s'éveille, qui, en elle-même, n'a pas de voix. Dotée cependant d'un sens inné de la musique, elle contient des rythmes lents, des tonalités basses, une mélodie qui s'écoule comme le cercle de la vie. Elle comprend aussi des couleurs, bleues ou vertes. Ces cavaliers qui sont restés trop longtemps dans le silence, sans en deviner la raison, stimulés peut-être par cette âme qui les assaillit, se mettent à chanter : ils racontent leurs histoires personnelles, ils se déchargent des lourds fardeaux qui jusqu'à maintenant pesaient sur leurs cœurs.

Croyez-moi : c'est cela l'origine des idylles mongoles.

Ecoutez maintenant cet air long et aigu, presque pathétique. Il frappe le corps de la terre, heurte les nuages flottants qui s'effilochent dans un ciel bas. Sur des mesures fortement entortillées, geignant d'une voix basse et rauque, parole et écho se succèdent à l'infini en un son qui refuse de s'effacer totalement. De nouveaux sucs arrosent la steppe, la nature renaît. La chanson s'élance maintenant. Sans contrainte, en totale liberté, elle s'envole vers la lisière du ciel.

Le cheval s'avance et l'écoute. Il n'y a que lui qui, tête baissée, transmet en silence sa sympathie à son maître qui parfois laisse couler quelques larmes sur sa crinière : le cavalier-chanteur a trouvé son âme sœur. Ainsi, les vieilles chansons immémoriales en Mongolie ont presque toutes un titre lié aux chevaux : *La Jument gracieuse, Le Coursier rouge-violet, Le Cheval aux couleurs de fer…*

Ganga-Hala – Mon beau cheval noir est une de ces vieilles ballades mongoles. La première fois que je l'ai entendue, j'étais encore petit garçon. Je me souviens que je fus subjugué. Les bras pendants et silencieux, je restais dans la prairie, jusqu'à ce que l'air disparût totalement dans le vent. Un sentiment d'une grande familiarité et d'intimité retrouvée me submergeait. Puis, j'ai grandi. Ce chant eut pour moi un attrait de prédilection, bien que je fusse loin de le comprendre à fond. Même aujourd'hui, je ne suis pas sûr d'avoir saisi toutes les nuances de ses paroles peu nombreuses et presque fades. Quelle est vraiment cette romance ? Peut-être n'est-elle qu'une simple et banale chanson d'amour ?

Un jour j'ai rencontré un écrivain réputé grand penseur. Je lui ai avoué les sentiments particuliers que j'éprouvais pour ce chant unique qui m'envoûtait ainsi depuis mon enfance. Il m'expliqua : « La chose, dit-il, est très simple. C'est le premier choc que le cœur innocent d'un enfant reçoit de l'immense humanité. En fait, je suis d'accord, il s'agit là d'une chanson très primitive et sans maniérisme, mais d'une force peu émouvante à vrai dire. » Je lui demandai alors avec doute : « Comment a-t-elle pu traverser ainsi les âges ? Et pourquoi reste-t-elle toujours gravée dans ma mémoire et me hante si fort ? » Il sourit, et tapant sur mon bras avec magnanimité : « C'est que tu es devenu un homme, comprends-tu, Baiyinbaolige ? C'est que la beauté de l'amour commence à te fasciner. C'est l'amour que chante cette chanson qui t'attire ! »

Je n'imaginais pas à ce moment-là que, bien longtemps après, non seulement je chanterais, mais je vivrais *pour de vrai* cette rengaine, de la première jusqu'à la dernière parole !

Quand je soulève ma tête enfouie dans les touffes d'herbes profondes et que je garde mes yeux fixés sur le ciel bleu en écoutant les paroles basses et rauques qui effleurent les pointes des herbes et qui disparaissent entre les couches de nuages, quand je cherche dans le silence cette âme invisible, je me rends compte que tout n'est peut-être que faux-semblant ou prétexte : ces trilles excitantes qui s'épanchent, ces mélancolies millénaires qui ont disparu de notre vie quotidienne, ces histoires tragiques, anciennes et sobres, et ces amours profondes, sincères et ferventes. Peut-être que tout cela ne représente que des couleurs et des tons grâce auxquels l'âme humaine déploie son immuable et profonde musique. L'âme de ces anciennes chansons est loin d'être visible au premier venu. Elle est beaucoup plus secrète qu'on ne le pense. Elle suscite en nous les mêmes frissons, les mêmes sentiments ineffaçables qu'à nos ancêtres. Elle ne nous donne jamais la possibilité de la comprendre dans sa totalité. Je regarde le ciel nu dans lequel les chansons se noient. Les cris des oies sauvages en vol brisent mon ravissement silencieux. Je pense à cet écrivain qui a toujours été l'objet de ma vénération et je sens pour la première fois la frivolité d'un homme de renom…

Oui, c'est peut-être le moment de reposer la question. Je voudrais demander, à moi-même et aux autres, aux amis que je n'ai jamais rencontrés et qui pourtant sont déjà sur les mêmes ondes que la mienne : quel est le vrai thème de cette chanson *Mon beau cheval noir* ? Pourquoi l'a-t-on toujours chantée, de la nuit des temps jusqu'à aujourd'hui ?

I

Il court si vite il est si beau – oh, mon beau cheval noir
Attelé à l'extérieur de la yourte – à la charrette en orme

Vous pouvez voir, au fin fond d'une steppe déserte et oubliée, éloignée de la Yourte Sacrée où les premiers Mongols se réunissaient pour s'allier, distante aussi du Lac Maternel et du Fleuve de Siling, une petite rivière à l'eau pure et claire appelée Bulegeng. Les bergers d'ici vous expliqueraient en plaisantant que l'eau prit le nom amusant d'une jeune mariée qui devint célèbre à cet endroit. Mais grand-mère aux cheveux blancs m'avait dit que la rivière de Bulegeng[1], bien avant que nos ancêtres mongols n'arrivent ici en pâturage, avait rejoint une autre rivière d'un nom différent, laissant pour toujours ses parents qui l'avaient accompagnée jusqu'à cette fourche.

Je traversais le gué sur mon cheval. Il s'arrêta de lui-même et enfonça sa longue tête pour s'abreuver dans le courant clair. Je levais les

1. Bulegeng, en mongol moderne, signifie « jeune femme ». Mais on a des preuves linguistiques que c'est un mot qui dérive de l'ancien turc. Un verbe transformé en substantiel, et son vrai sens est « donner à » (N.d.A).

yeux et regardais autour de moi le paysage à la fois si familier et pourtant étranger. Vingt ans après, le petit fleuve de Bulegeng restait le même que celui que j'avais connu. Je me souvins de la première fois où j'étais venu ici. Mon père pressa ma tête et hurla : « Hé ! Baisse ta tête et mets-toi à plat ventre, petit veau, bois, c'est l'eau de ta steppe. »

Peu de temps avant, j'avais accompagné quelques experts du Service du planning du Département de l'élevage pour une enquête sur les valeurs agricoles des petits bestiaux. Quand je pris la peine d'aller lui rendre visite au comité de la *bannière*[1] voisine, pour une raison qui m'échappait, il s'emporta contre moi : « Accompagner des experts ? Devenir interprète officiel ? Hé ! Petit veau, penses-tu pouvoir ainsi échapper aux coups de mon fouet ? Tu dois te rouler dans les roseaux du Bulegeng et rester trois jours et trois nuits dans la rivière. L'eau te débarrassera de cette odeur puante d'interprète officiel et de fonctionnaire du gouvernement ! »

Père, crois-tu que toi seul aimes cette steppe ? N'oublie pas une chose : les expériences personnelles ne se substituent pas, chacun vit sa vie personnelle…

Dans les méandres de l'eau, sur les herbes humides, poussaient dru des roseaux blancs et duvetés. Les oies sauvages s'égosillaient dans le

1. *Bannière* : unité administrative en Mongolie intérieure. L'équivalent d'un district (N.d.T.).

ciel et changeaient inlassablement leurs processions mobiles. Les cavaliers qui se faufilaient entre ces herbes avaient parfois du mal à avancer. Les oies sauvages, à peine atterries, glapissaient, tapageuses. Elles frappaient de leurs ailes l'eau qui ondulait en vagues successives. Les roseaux s'entrechoquaient alors dans un bruit assourdissant. Ces oiseaux occupés à préparer des nids douillets faisaient peu de cas des êtres humains, intrus malvenus de la nature, alourdis par les soucis quotidiens.

Je dirigeai mon cheval vers une rive à pic. Des paysages familiers s'étendaient devant mes yeux. Voici le berceau dans lequel j'avais vécu, ma steppe que je n'avais plus vue depuis si longtemps. Père… Ses colères s'étaient apaisées quand il avait su que j'avais décidé de revenir ici, mais il ne comprenait pas du tout l'état d'âme dans lequel me mettait ce retour au pays… Mon pays natal, tu restes aussi vert, aussi brumeux qu'un rêve. Sais-tu la douleur que tu provoques à ceux qui ont osé te quitter ?

Sur le versant gauche, un troupeau de moutons dispersés broutait dans la prairie. De loin, je vis un berger, couché sur le dos, lézarder au soleil. Je dirigeai mon cheval vers lui.

— Salut, ami inconnu. Tiens… Mais tu as un magnifique cheval noir !

Il plissa les yeux et lorgna ma monture.

— Salut. Mon cheval ? C'est vrai, il est pas mal. C'est la commune qui me l'a prêté, répondis-je par politesse.

— Bien sûr que c'est la commune qui te l'a prêté ! Je le connais. Voyons, c'est Ganga-Hala. Oui, je suis sûr que c'est lui. L'année dernière, quand il a obtenu le premier prix du concours de course de chevaux, j'ai jeté un coup d'œil sur lui. Je ne peux pas me tromper là-dessus. La commune t'a prêté le coursier le plus célèbre de la région : Ganga-Hala.

Ganga-Hala ?! J'étais comme frappé par un coup de tonnerre. Je sentis un vertige me saisir, je chancelai sur mon cheval, je faillis tomber. Mais je réussis à me calmer.

— Tes moutons commencent à bien profiter, grand frère, lui dis-je.

Tout en parlant, je descendis de ma monture, m'assis à côté de lui et lui passai une cigarette.

Ganga-Hala… Je regardai le cheval. Gigantesque, jarrets tendus et fermes, poitrine saillante de muscles, il brillait sous le soleil, enveloppé dans une fourrure belle comme une étoffe de velours noir. « Mon petit cheval, mon beau cheval noir ! » murmurai-je en l'appelant par son nom. « Comment se fait-il que je ne t'aie pas reconnu ? Ce berger ne t'a vu qu'une seule fois et tu es resté gravé dans sa mémoire. Il t'a reconnu d'un seul coup d'œil. Et moi ? Tu sais très bien, quand tu es venu au monde, j'étais le premier à nourrir de violents espoirs à ton sujet. C'est moi qui t'ai baptisé de ce nom si fier : Ganga-Hala. Voyons, quatorze ans ont passé. Le temps est comme le vent de la steppe, il trouve refuge dans une terre plus lointaine que ces montagnes bleu clair qui nous entourent, plus loin que la source même de Bulegeng. Il effleure à peine nos visages et disparaît pour toujours, ne laissant sur nos cœurs qu'une trace trop souvent amère. Je suis parti il y a neuf ans, pour devenir un scientifique au Département de l'élevage. J'ai quitté totalement ma peau de berger. Et toi, tu es devenu l'étoile des chevaux, ta réputation s'est répandue dans toute la steppe. Comment vas-tu, mon ami ? Tu me renifles, tu lèches les pans de mes vêtements. Tu es aussi perspicace que ce berger, là, à côté de moi. Tu m'as reconnu, n'est-ce pas ? Mais alors peux-tu me dire, où est-elle ? Depuis que je l'ai quittée, je n'ai plus aucune nouvelle. Toi seul es le témoin du temps passé. Toi seul sais combien elle reste le sujet de toutes mes préoccupations, l'objet de toutes mes affections, car je connais l'incertain de son destin ! Tu hoches la tête, pour dire non, pour dire oui ? Où est-elle, où est Somia ? »

— Tiens, maintenant c'est mon tour.

Le berger m'offrit une cigarette.

— Merci. Que c'est bon de prendre le soleil ! Grand frère, tu es quelqu'un du village de Bulegeng ?

— Non, je suis du village voisin.

En ce temps-là, mon père était chef de cette commune. Un jour, il m'installa sur la selle de sa monture et nous arrivâmes chez grand-mère.

— Egi[1] ! cria-t-il, regarde, je te confie Baiyinbaoligе. Il est devenu un enfant gâté à force de rester dans le bourg de la commune. Récemment, il a osé voler un fusil aux militaires pour s'amuser. Et il a troué un plafond avec ! Comment veux-tu que j'aie le temps de faire son éducation ? J'ai tant de bergers à surveiller.

Grand-mère souriait en plissant les yeux. Elle jeta à mon père une outre remplie de *koumys*[2] et me prit dans ses bras. Elle posa un baiser bruyant sur mon front et je sentis une humidité sur ma peau, juste sous les cheveux. En me débattant avec force, je sortis de ses bras graisseux mais, n'osant pas m'asseoir à côté de mon père, je me déplaçai lentement vers une petite fille aux yeux noirs qui buvait un thé, calmement. Elle me regarda, et je la regardai. Elle me sourit, je lui souris aussi.

— Comment t'appelles-tu ? me hasardai-je.

— Somia. C'est toi Baiyinbaoligе ?

Sa voix était mélodieuse, douce à entendre.

Mon père avait bien bu. Grisé, s'appuyant contre mes épaules, il sortit pour attraper son cheval. Dans la plaine, les herbes en cette saison de plein été étaient humides et emperlées de rosées qui brillaient, brumeuses et cristallines. Je courus avec jovialité, j'attrapai le cheval de mon père et j'essayai de défaire les rênes.

---

1. *Egi* en mongol veut dire « mère » (N.d.T.).

2. *Koumys* : lait de jument fermenté que boivent les Mongols comme alcool (N.d.T.).

— Baiyinbaolige (mon père saisit mes épaules, ses moustaches noires tremblotaient), mon enfant, depuis le jour où ta mère est morte, je cherche pour toi une famille comme celle-ci… Tu sais combien je suis pris par mon travail. Grandis ici, avec elle. Un jour tu seras comme moi, comme ton grand-père. Travaille, petit veau. Chez grand-mère, il n'y a pas d'homme. Elles ne peuvent que compter sur toi. Il faut te donner de la peine, comme ces hommes sur leurs chevaux ! Tu comprends ?

— Chevaucher ? demandai-je, ravi. Un jour j'aurai un cheval à moi ?

Comme s'il s'agissait d'une chose toute naturelle, mon père me répondit :

— Bien sûr. Mais il ne faut pas que tu deviennes un petit voyou au bourg de la commune.

Ainsi, je devins un enfant sous la yourte. J'apprenais à ramasser des bouses, à attraper des veaux, à m'occuper des petits agneaux au printemps. En attelant un bœuf au timon d'une charrette, j'allais puiser l'eau au bord d'un puits caché par des herbes. J'attrapais avec les lassos que je fabriquais moi-même tant bien que mal des moutons et des poulains. J'avais le même âge que Somia. Tous les deux nous étions nés l'année du mouton. Nous vivions ensemble, couvés par l'amour de notre grand-mère aux cheveux blancs. Nous travaillions ensemble. Nous passâmes trois ans à apprendre côte à côte le mongol et l'arithmétique dans une école primaire : en été, dans l'école officielle ; en hiver, dans les yourtes des instituteurs. Elle m'appelait « Bapa » et moi, selon mes caprices, « Shana » ou « Gika » – je ne sais toujours pas comment les enfants des steppes peuvent inventer tant de noms insolites. Ces appellations ingénues posent sûrement beaucoup de problèmes aux ethnologues qui étudient aujourd'hui les noms mongols.

La steppe est sans bornes, aux paysages splendides. Elle donnait à nos jeux toutes les joies. Elle me berçait, m'absorbait en elle comme une goutte d'eau dans la mer. J'étais habitué à elle et je ne pouvais plus la quitter. Mon père faisait souvent un détour pour venir me voir, sur son grand cheval foncé, lors de ses inspections, mais cela ne m'intéressait plus de l'embêter. Il me suffisait d'entendre le bruit d'un veau qui s'étranglait ou d'un chien qui renversait un seau d'eau pour que je le délaisse, pousse la porte et que j'aille les gronder. Parfois, au beau milieu des recommandations de mon père, lorsque j'entendais Somia héler le bœuf pour l'attelage, je bondissais de la yourte comme une flèche.

Quand, campé sur le dos de l'animal, l'air triomphant, je conduisis la charrette vers le puits lointain, je regardai derrière moi et vis un cavalier solitaire sur un coursier foncé qui s'éloignait de notre tente. Je ne sais quel sentiment de fierté monta en moi comme si j'avais triomphé de l'orgueil d'un père. Je n'avais plus besoin de lui pour me donner ses sempiternelles directives. Au cœur de cette plaine originelle, verte et généreuse, je devins un homme sur qui on pouvait compter. Je tournai mon regard vers Somia. Elle était assise contre une cuve en bois et m'admirait. Je redressai alors mon corps avec tout mon sérieux et lançai un coup de fouet retentissant sur le bœuf. Les hirondelles aux ailes bleues s'écartèrent devant sa tête, les herbes épaisses et droites se cassèrent sous les roues de la charrette. Content de moi, je fis avancer ma voiture et, de temps à autre, j'élevais la voix et hurlais pêle-mêle quelques vieilles rengaines.

Il y avait quatorze ans de cela, c'était l'année du mouton. Somia et moi nous atteignions tous les deux l'âge de treize ans.

Treize ans, c'est l'année où les enfants mongols reçoivent pour la première fois les vraies attentions des adultes. Pour le nouvel an, grand-mère habilla Somia et moi de nouvelles *choubas*[1] aux bordures colorées, noircies par les fumées de bouses. Nous montâmes dans une carriole pour rendre visite aux voisins. Comme c'était l'année de notre signe, les bergers nous offrirent toutes sortes de cadeaux, selon nos coutumes. Somia, joyeuse, compta ses présents, et étala ces gâteaux de lune, ces serviettes bariolées et ces bols à thé en porcelaine, tandis qu'une profonde mélancolie m'envahissait : lors

---

1. *Chouba* : robe en fourrure de mouton que portent en hiver les nomades tibétains et mongols (N.d.T.).

d'une fête aussi importante, je restais uniquement avec des femmes et allais chez les amis juste comme une fillette ! Alors que les enfants des autres familles qui avaient leurs cheptels, montés sur des grands chevaux aux crinières bien égalisées, suivaient les troupeaux des grands en galopant d'une yourte à l'autre, hurlant des ordres à leurs montures, sous des flocons de neige qui voltigeaient ! Sapristi ! Quand est-ce que j'aurai mon propre cheval ?

Somia me consola :

— Ne sois pas pressé. Tu l'auras ton cheval. Grand-mère a dit que, dans deux ans, nous demanderons un troupeau de bœufs à la commune. A ce moment-là, tu auras d'un seul coup cinq chevaux pour toi seul.

— Peuh ! Deux ans, lui criai-je avec colère, qu'est-ce que je vais faire pendant tout ce temps ?

Je ne savais pas que la providence allait accélérer les choses.

Lorsque le printemps arriva, un peu avant la fête des morts, sévit une terrible tempête de neige qui dura toute la nuit. Nous restâmes recroquevillés sous nos couvertures en fourrure, pelotonnés contre grand-mère, écoutant les hurlements du vent. La toiture en feutre de la yourte se soulevait et se rabaissait. Les chevaux, dehors, hennissaient en courant dans tous les sens. Grand-mère, inquiète, angoissée, soupira : « Mon Dieu, les chevaux vont être happés par la tempête de neige… Mon Dieu, la jument pleine va mourir… »

Le lendemain matin, un miracle eut lieu. Quand, avec force, nous poussâmes, Somia et moi, la porte en bois bloquée par les neiges, nous vîmes soudain un petit poulain tout noir, debout, juste devant. Au loin, sur un versant enneigé, où un vent perçant continuait à souffler les flocons de neige, nous aperçûmes le cadavre racorni d'une jument noire. Un cri nous échappa, et, le poussant, l'embrassant, nous le tirâmes dans la yourte. Peureux, il écarquilla des yeux humides, comme s'ils étaient pleins de larmes. Ses quatre membres étaient tordus et il tremblait contre le mur en feutre. Le feu du foyer fondit les blocs de glace collés sur sa peau et le jeune poulain brilla d'un noir d'autant plus luisant.

Grand-mère oublia même de mettre sa ceinture. Tremblante, émue, elle le prit dans ses bras. Avec ses propres manches, elle essuya tout son corps mouillé. Elle ouvrit sa robe en le serrant fort contre sa poitrine. Elle n'arrêtait pas d'embrasser sur le front ce petit animal qui sortait de sa chouba et murmurait sans cesse des litanies superstitieuses. Elle prétendit que ce jeune poulain était envoyé par Dieu, car notre Baiyinbaolige avait désormais atteint l'âge de monter. Baiyinbaolige était un bon enfant, envoyé également par Dieu, qui ne l'avait pas oublié. Cela ne faisait aucun doute. Qui avait vu, une seule fois, une jument mourir de froid en mettant au monde un petit qui, sans avoir pu téter sa mère, avait réussi à descendre de la colline pour se réfugier devant la porte d'une yourte ? Elle dit aussi qu'elle avait élevé d'innombrables chevaux dans sa vie, mais qu'elle n'en avait jamais vu d'aussi beau. Il était vraisemblable que sa seule tâche désormais consistât à l'élever. Dieu le voulait ainsi, avant que ses vieux os ne fussent totalement usés.

Nous étions fascinés par ce qu'elle disait. Nous étions subjugués par toute la pensée de grand-mère. Par la suite, quand nous l'avions vu coudre pour le poulain noir des talismans avec des étoffes rouges, nous avions même oublié les recommandations de notre instituteur pour lutter contre la superstition.

Les neiges tardives n'avaient pas encore entièrement fondu, les plaines et les collines restaient toutes bigarrées. Chaque jour, le jeune poulain buvait dans un petit seau rempli de lait de vache. Quand il n'avait plus soif, il se reposait dans la prairie douce. De temps en temps, il levait son long cou, se dressait sur ses pattes d'un saut leste et vertigineux, pour se recoucher ensuite lentement, et rester là à contempler indéfiniment les monts lointains et les nuages flottants. Quand, Somia et moi, nous revenions des collines après le ramassage des bouses, j'aimais gonfler les joues et lancer un sifflement strident, ou laisser traîner ma voix pour crier un « Hohé », et le petit cheval noir accourait comme un lapin agile. Sautillant, galopant, il s'élançait vers nous comme s'il volait en l'air. Il savait, avec ses jeunes pattes si élégantes et encore tellement fragiles qu'on redoutait de le voir les poser par terre, esquiver les herbes et les bouses qu'il craignait, en dessinant de superbes courbes dans l'air. Nous jetions alors les paniers dans l'herbe, nettoyions sa toison salie, et remettions le talisman en place. Et nous le nourrissions de morceaux de gâteaux de lune, de sucres rouges, de fruits séchés que nous lui donnions à manger un à un. De loin, les cheveux argentés de grand-mère flottaient au vent. Elle travaillait dur, trayait les vaches, attachait les veaux, comme si elle accomplissait une tâche importante et sacrée. Le soir, il allait sans dire que nous ne le laissions pas passer la nuit dehors. Nous l'attachions avec des cordes autour du foyer de la yourte. Le petit cheval faisait désormais partie de notre famille, et nous vivions heureux tous les quatre. Nous nous réjouissions de la joie qu'il nous apportait.

Un jour où nous nous ébattions dans la prairie avec lui, grand-mère accroupie aux pieds des vaches, en train de les traire, commença soudain à chantonner. Elle entonna l'air de *Ganga-Hala – Mon beau cheval noir.*

Ne faisant attention à personne, elle vaquait à son travail et fredonnait. Une fois les vaches traites, elle émietta des galettes dans la mangeoire en bois, puis amena les bêtes l'une après l'autre devant leurs pâtures. Elle interrompit son chant, sermonna les plus gourmandes et reprit : « Il court si vite, il est si beau – oh, mon beau cheval noir; aïe, va-t-en, Nez Blanc, tu n'en as toujours pas assez ? – Il est attelé... à la charrette en orme, aïe, aïe... »

Elle chanta avec sérieux. Qui aurait imaginé qu'elle chantait si bien ? Quand elle traînait sur la dernière parole de chaque phrase, mélodieuse et sans fin, sa voix rauque s'élevait d'un seul souffle, comme si, avec facilité, elle était capable de sortir les sons les plus aigus et les plus difficiles. J'étais trop habitué, à ce moment-là, aux comptines pour enfants, courtes et joyeuses, aux rythmes scandés que l'on nous enseignait à l'école. Cet air long, traînant et monotone de *Mon beau cheval noir* me parut extraordinaire, frais et fascinant. Somia me regardait et nous retenions nos souffles. Dans la béatitude, nous écoutions le chant de grand-mère qui s'oubliait dans ses paroles. C'était l'histoire d'un garçon chevauchant un cheval noir, d'une beauté sans égale, à la recherche de sa sœur. Grand-mère resta longtemps sur la fin de chaque phrase musicale qui ne cessait pas d'onduler et de perdurer. Comme suspendus sur un fil, nous perdions entièrement haleine, avant de connaître le dénouement de l'histoire. Le jeune cavalier poursuivait sa recherche, mais ne trouvait pas sa sœur. Le cœur enflammé, nous l'écoutions fidèlement. Oh, quelle fraîcheur, quelle émotion ! Cette chanson était comme les ruisseaux d'eau pure qui coulent à la fonte des neiges, comme le vent vif qui secoue le corps et réveille l'esprit. Elle submergeait ma peau, elle me caressait, je glissais peu à peu dans des eaux douces...

L'esprit ravi, je restais coi, debout dans la steppe. Les poings serrés, je l'écoutais. Cette mélodie divine suscita des émotions de toutes sortes et se transforma peu à peu en un cheval à la fourrure luisante comme du velours noir qui hennissait, la tête haute. Sa façon de se dresser sur ses pattes et de balancer sa crinière créa une impression si forte, si vraie que je crus voir ce beau coursier en chair et en os devant moi.

La chanson finie, j'eus l'impression de sortir d'un long songe. Somia embrassa le cou du petit poulain noir et des larmes coulèrent, en silence, le long de ses joues. Je m'écriai : « Oh ! Shana, je vais baptiser notre cheval d'un nom solennel et retentissant ! Tu sais qu'il est le fils du cheval que chante grand-mère, je l'appellerai Ganga-Hala ! Il deviendra le cheval le plus fougueux de la steppe. Hé, quel nom, mon beau cheval noir !... Avec lui, je chasserai tous les vieux bœufs dégoûtants. Sur lui, je traverserai tout Wuzumuqing, tout Xilingele, et toute la steppe mongole ! »

Somia me regarda avec étonnement : « Bien sûr que ce sera un beau cheval noir. Regarde : dès qu'il est venu au monde, il a eu la force de traverser le vent et la neige pour venir jusque chez nous, debout devant notre porte... Mais, Bapa – elle plissa ses yeux noirs qu'elle fixa sur moi –, quand tu auras vraiment traversé Xilingele et toute la steppe mongole, tu viendras, comme chante grand-mère, avec ton Ganga-Hala, me chercher ? »

— Bien sûr que oui ! répondis-je sans hésitation.

— Hé, hé (le berger me poussa), qu'est-ce qui t'arrive ? Tu es malade ? Mon ami, tu as vraiment mauvaise mine !

Je sursautai de surprise.

— Oh, ce n'est rien ! répondis-je, dis donc, il fait vraiment doux.

Sur ce, je me mis debout et j'attrapai les rênes de Ganga-Hala.

II

La fille au cœur si doux si charmant – oh c'est ma sœur,
Est mariée à l'extérieur des montagnes – dans cet endroit si éloigné.

Quatorze ans avaient passé vite comme l'eau qui coule. Ganga-Hala n'était plus chétif et mince comme avant. Sa poitrine s'était élargie et épaissie mais, comme candidat à la course des chevaux, il avait passé son âge d'or, un peu comme nous qui étions déjà entrés dans l'âge mûr, laissant loin derrière nous notre jeunesse faite de fantaisies et d'émotions !

Le berger marchait à côté de moi. Visiblement, il se sentait seul avec son troupeau, et recherchait ma compagnie pour tuer le temps.

Le petit fleuve de Bulegeng faisait un grand détour, dessinant un demi-cercle à cet endroit. Quand le cheval monta le vieux sentier de Gaou-Gutar et grimpa la pente, je vis l'eau émeraude du fleuve s'enchâsser silencieusement dans les herbes vert foncé. Elle dessinait ainsi, sur une prairie sans fin, la borne de mon pays natal et de la commune voisine. En voyant les reflets pointillés de quelques campements dans les méandres d'eau, je ne pus m'empêcher de retenir la bride de Ganga-Hala. Pays natal ! Je répétai en silence ce mot, ému. Pays natal, mon berceau, mon amour, ma mère ! Au pied de la colline, sur la droite de la rive, l'enclos pour les vaches, construit avec des pierres jaunes amoncelées, était toujours là. Dans la longue vallée étroite qui séparait Qing-Ger et Makata-Hanlehan, les fleurs bleues, surnommées « lotus aux sabots de chevaux », poussaient toujours partout. C'était dans cette prairie si familière, si intime pour moi qu'étaient enterrés le bonheur de mon enfance et la joie de ma jeunesse, qu'était enseveli l'amour entre Somia et moi…

Il y avait neuf ans, je l'avais quittée dans la colère et l'énervement. Je voulais suivre une route pure et idéale qui me serait propre, à la recherche d'un lendemain ensoleillé. Comme beaucoup de jeunes de l'époque, nous avions avec facilité choisi un avenir, en reléguant d'un geste léger notre propre passé. Confrontés au dur heurt de la réalité, le corps et l'âme meurtris de blessures, alors seulement nous perçûmes la lueur du regret. C'est lorsque nous eûmes tout perdu que nous commençâmes à apprécier ce que nous avions gaspillé, ce qui nous avait blasés. Tout, pays natal, amitié, notre passé à chacun. Neuf ans s'étaient écoulés. Ce cheval qui n'avait que cinq ans, à la poitrine large, aux reins minces, était devenu un vrai *Ganga-Hala* couvert de lauriers. Et toi, Baiyinbaolige ? Qu'as-tu fait de tout ce temps ? As-tu gagné une cause solennelle ? As-tu fait de ta vie une belle œuvre ? As-tu enfin trouvé les vérités cachées de l'existence ? Tu t'es bousculé dans les bruits, dans les vagues de la foule aux haleines polluées ! Tu t'es perdu dans les textes bureaucratiques stupides, secs, monotones et sans intérêt ; tu t'es ennuyé dans d'interminables réunions dites officielles ! Tu t'es blessé aux frôlements interminables des relations humaines ! Tu t'es coincé entre les portes et les réseaux de relations qui t'obligeaient impitoyablement à concéder ! Tu as même hanté les salons où les discussions sont intraduisibles dans notre langue de la steppe de Bulegeng, croyant avoir ainsi une vie vraiment civilisée ! Tu as observé comment les gens qui haïssent les privilèges profitent sans remords des passe-droits les plus incroyables ! Tu as écouté les amis, qui ne pensent qu'à immigrer vers le Canada ou les Etats-Unis, parler du redressement de la nation chinoise !... Et Somia, qu'est-elle devenue ? De ces yourtes qui s'étendent au loin devant mes yeux comme les étoiles éparpillées d'une constellation, laquelle est son foyer ?

— Ah, mes moutons s'éloignent. Au revoir, petit frère.

Le berger bâilla et tira la bride de son cheval.

— Attends, grand frère (je l'empêchai de partir), indique-moi laquelle est la yourte de Somia et de sa grand-mère ? Tu sais…

Il plissa les yeux et réfléchit.

— Ah, tu veux dire la vieille Egi aux cheveux blancs de Bulegeng ? Son foyer n'existe plus.

— Comment ça, n'existe plus ?

J'étais inquiet.

— Eh bien, la vieille est morte et la fille est mariée (il réfléchit et ajouta), elle est mariée très loin, à Baiyinoula – un endroit vraiment loin…

Sur ce, le berger s'éloigna en direction de son troupeau.

Le crépuscule était tombé. A l'ouest, les lanières bleu foncé des nuages pendaient obliquement sur la moitié du ciel. Le soleil couchant qui tombait enflammait le fond de l'horizon et une couleur rouge transparaissait à travers le bleu-noir. L'air vespéral flottait doucement et se fondait avec les fumées de cuisine qui s'élevaient dans un bassin lointain. Chevauchant Ganga-Hala, je m'avançai vers l'occident. Le vent, aussi frais que l'eau, me transperça. Je sentis un froid glacial m'envahir. Le cœur lourd, mais avec fermeté, je marchai vers l'ouest, comme un cavalier antique marche vers sa fin.

Dans la vallée sinueuse qui sépare le bassin de la rivière du Bulegeng des steppes de l'extérieur, je rattrapai les nuages couchants qui allaient disparaître entièrement. C'est une vallée où on voit peu de traces humaines. Depuis les temps antiques, les bestiaux ne viennent jamais ici pour y paître, et les hommes ne viennent jamais ici pour y habiter. En observant de très près, vous pouvez voir des touffes de petites choses blanches qui miroitent dans les herbes profondes et sombres qui arrivent jusqu'aux reins d'un homme. Ce sont les os blancs des bergers qui nous ont définitivement quittés. Parachutés dans cette prairie, ces bergers y travaillent dur. Les herbes leur donnent tous les plaisirs et tous les bonheurs, et ils finissent par leur rendre leurs corps dépourvus de leur âme. Mon Egi aux cheveux argentés, cette vieille qui m'avait donné l'amour d'une mère et celui d'une grand-mère, avait sûrement eu son enterrement céleste[1] dans ce lieu.

C'est elle qui m'avait élevé jusqu'à l'adolescence. Et moi, comme un oiseau aux ailes suffisamment puissantes, je l'avais quittée, délaissée, et je n'étais plus jamais revenu. Je ne savais pas si, quand elle avait rendu l'âme, elle avait pensé à moi. Je savais simplement que c'était à moi, son seul enfant masculin, d'assumer son enterrement. C'était à moi de tout organiser. Grand-mère, pardonne-moi. Ton petit-fils impie est là. Il prie pour toi, pour le repos de ton âme.

La nuit recouvrait la steppe tout entière. La lune croissante déjà accrochée au ciel depuis la fin de l'après-midi brillait maintenant plus clair, d'une lumière argentée. Je serrai la ceinture du cheval et arrangeai la selle. Avant de monter, silencieux, je me mis sur un genou. De mes deux mains, j'arrachai une touffe d'herbes sauvages pour dire adieu à la steppe de Bulegeng qui m'avait nourri. Grand-mère n'était plus. Somia

---

1. L'enterrement céleste, chez les Mongols, est différent de l'enterrement céleste au Tibet. Par discrétion et respect à l'égard des tabous, l'auteur n'a pas voulu donner plus de détails sur le sujet (N.d.T.).

était mariée, loin. Le seul lien entre moi et cette steppe, lien de sang, était désormais coupé.

Je remontai sur Ganga-Hala, qui, soudain, se cambra, et tourna sur lui-même d'un demi-cercle. Les deux pattes arrière poussant avec force, il s'élança droit devant lui. Face à moi s'esquissa tout d'un coup la silhouette de la Montagne Baiyinoula.

Baiyinoula, l'endroit où Somia était mariée. Ganga-Hala avait donc décidé que j'aille la voir immédiatement !

Je ne voulais pas une fois de plus devenir un confesseur arrivé trop tard. Peut-être que ma Shana était en train de m'appeler dans les tourbillons de sa vie et attendait que je lui tende la main… Somia, je viens te rejoindre…

Ganga-Hala, comme une flèche, fila droit vers les chaînes de Baiyinoula assombries. La nuit s'agita…

C'est vrai que j'avais donné le nom glorieux de Ganga-Hala à notre petit poulain, et que tout le monde au village, enfant ou adulte, fille ou garçon, était habitué à l'appeler ainsi, mais je fredonnais moins souvent l'air de *Mon beau cheval noir* que Somia. Pour moi, la chanson était tout de même un peu insolite. Mon chant préféré à l'époque restait *Alozaoer*, qui louait aussi la beauté d'un cheval, mais sur un air joyeux, rythmé et rapide. Il racontait l'histoire d'un cheval magique qui, à partir de l'âge d'un an, accomplit des miracles incroyables et fit preuve de toutes les compétences inimaginables, jusqu'à la fin où il devint pour la soixante-treizième fois lauréat d'un concours organisé par le Dalaï-lama. Depuis le printemps miraculeux où eut lieu la naissance de ce petit animal noir, je répétai pendant presque toute l'année les paroles d'*Alozaoer* : « Tu n'es qu'un poulain d'un an, et tu pars déjà avec une selle sur le dos… » Mais dès la deuxième année, lorsque son énorme tête apparut un peu moins grande, et que sa queue courte de petit renard commença à se balancer de gauche et de droite, j'attendais jour et nuit sa croissance, en espérant qu'il serait supérieur à tous les autres chevaux de la commune. A cette époque-là, je lui chantonnais, avec une impatience qui me brûlait le cœur : « Tu n'es qu'un cheval de deux ans, et tu es déjà aussi rapide qu'une flèche… » Parfois, le matin, tiré d'un sommeil profond par grand-mère et Somia, frottant mes lourdes paupières, je bâillais sans arrêt. Mais dès que le bol de thé au lait effleurait mes lèvres, encore dans un demi-sommeil, sentant que je devais dire quelque chose, j'ouvrais la bouche : « ... un cheval de deux ans,... aussi rapide qu'une flèche… »

Grand-mère souriait et Somia gloussait.

Au troisième printemps, grand-mère sortit du fond de la cahute, en face de la yourte, une vieille selle délabrée et demanda aux bergers voisins de la réparer. C'était le père de Somia qui l'avait laissée. Depuis la mort de ce dernier, cette famille qui ne comptait plus que des femmes n'en avait plus besoin. Le moment était venu de la dépoussiérer. Ganga-Hala avait trois ans déjà, il deviendrait bientôt un véritable étalon. Et Baiyinbaolige était déjà un garçon de quinze ans.

Quinze ans : frontière entre l'enfance et la maturité. Pour un gamin de la steppe, c'est encore plus évident. A ce moment-là, j'étudiais les techniques de l'élevage et les pratiques vétérinaires, tandis que Somia gardait les troupeaux de moutons de la famille voisine. J'avais cessé de répéter les quelques paroles d'*Alozaoer*. J'étais devenu taciturne, et j'aimais me plonger dans mes pensées. Quand mon père venait me voir, il ne sortait plus ses chapelets de sermons, car j'avais dans les mains un livre illustré, très sérieux : *Manuel pratique et raisonné de l'élevage*. Ou bien, torse nu, je piochais dans l'étable pour fabriquer des briques avec des bouses séchées. La sueur coulait sur mes bras aux muscles développés. Il comprit vite que son Baiyinbaolige n'était plus un enfant.

C'était un beau jour de printemps. Je serrai la ceinture de ma chouba. Sortant de la yourte, je marchai dans la prairie et je détachai les rênes de Ganga-Hala. La veille au soir, nous avions discuté entre nous : s'il faisait beau, je lui mettrais la selle et je le monterais.

Somia courut vers moi. C'était peut-être à cause du temps, si doux, peut-être aussi pour m'aider à tenir le cheval, elle s'était débarrassée de sa grosse chouba encombrante, et avait mis une petite robe fine, en peau de marmotte, que grand-mère avait usée et qui parut beaucoup trop petite pour elle. Haletante, elle courut vers moi, le visage baigné dans la lumière du soleil. Quand elle leva un bras pour essuyer les gouttes de sueur, la ceinture bien serrée dessina toute la courbe de son corps. Subitement, la stupeur me saisit. Je sentis un goût ineffable : celle qui courait vers moi n'était plus la fillette Shana qui avait vécu six ou sept ans avec moi en frôlant ses oreilles contre mes cheveux. Ce n'était pas Shana, ma petite Somia qui m'était si familière, si enfant, si grassouillette, si ridicule quand elle plissait les yeux. Celle qui s'élançait vers moi était déjà une jeune fille, gracile, aux formes marquées, aux courbes douces et avec un charme éblouissant sous le soleil.

— Bapa. Oh, que je suis contente ! C'est vrai, c'est aujourd'hui le grand jour ?

Dans ses yeux écarquillés brilla une lueur de joie. C'était son habitude que de s'exalter pour des petites choses, mais jamais un parfum aussi étrange n'avait émané de son corps. Perturbé, je fus soudain pris de colère. Je jetai brutalement le lasso en cuir par terre, et hurlai d'un ton revêche : « Va, prends le lasso ! » En même temps, je saisis la crinière et montai sur le dos du cheval.

Ganga-Hala se débattit, mordit la bride et tourna sur place. Somia cria à haute voix :

— Tiens-toi droit sur le dos du cheval, Bapa !

Sa voix n'était plus aussi fine, aussi aiguë qu'avant. Elle était devenue plus ronde, et l'intonation me dérangeait terriblement. Je criai vers elle : « Tais-toi ! » et je lâchai un peu la bride. L'animal, pris de folie, bondit et rua avec violence.

Un cheval de trois ans n'avait pas encore trop de vigueur. Vers le crépuscule, Ganga-Hala avait appris à trotter le long de la route sous la commande de mon fouet. Il tournait vers la gauche et vers la droite selon ma volonté. Je descendis et l'attachai avec une corde, en le laissant brouter les jeunes pousses.

Les neiges qui n'avaient pas encore fondu éclataient de blancheur sous un ciel qui commençait à s'assombrir. La terre, découvrant les herbes sèches de l'année passée, paraissait noirâtre dans le crépuscule naissant. Un vent frais passait par bourrasques et laissait une couleur d'un vert pur sur les neiges au creux des collines, sur les fumées de cuisine légères et dansantes, et sur tout le champ printanier de pâturage. La selle, les cordes, le lasso et le fouet dans les mains, nous marchions vers la maison, Somia et moi, en faisant grincer nos pas sur la terre, tantôt couverte de neige, tantôt remplie de flaques d'eau. Somia était gaie. Elle parlait sans arrêt, en tournant la tête vers moi. Parfois, elle marchait en se mettant de côté, racontant, chantonnant.

— Bapa, tu es maintenant un vrai cavalier ! Plusieurs fois, j'ai cru que Ganga-Hala allait te jeter à terre. Hé, hé, tu m'écoutes ou pas ?

Comme d'habitude, elle me saisit une épaule et me secoua.

— Oui, oui.

Je sentis que je cherchais désespérément quoi dire. C'était un sentiment étrange et merveilleux.

— Dis-moi, ce soir, qu'est-ce qu'on mange de bon ?

— Des galettes farcies de viande, cria-t-elle en s'esclaffant. Ah, ah, nous allons manger des galettes farcies de viande ! Je vais aller chercher du porc.

Comme un coup de vent qui passe, elle fila. Je regardai sa silhouette qui s'éloignait et m'étonnai de la voir courir avec autant de grâce dans la steppe…

Oh, ces jours curieux de mue ! Quand cette excitation et cette exultation, qui naissent si naturellement, qui surgissent comme l'irruption d'un volcan, nous saisirent, dans quelle mesure comprenions-nous, angoissés, surpris, paralysés, les significations de ces sentiments étranges ? Nous ne savions même pas que c'était cela, l'avènement de la jeunesse. Tout ce que nous avions retenu, c'était cette sensation divine qui nous troublait au fond du cœur. Je sentis clairement que je vivais les moments d'un combat et d'une transition entre un monde pur et transparent et un autre, terrible, troublant, et qui fait battre le cœur. J'avais conscience que la naissance de l'amour dans ma vie s'accompagnait de la perte même de quelque chose de précieux. Nous ne pouvions plus entrer sous la couverture de grand-mère et nous bousculer, jouer à nos jeux enfantins. Nous ne pouvions plus nous rouler dans la prairie verte parsemée de fleurs bleues et nous disputer une omoplate de mouton peinturlurée de rouge. Nous ne pouvions plus monter ensemble sur un bœuf et, ses mains sur mes épaules, suivre un sentier que seules ces bêtes connaissent pour aller doucement vers un puits caché… La robe de Somia était trop usée et trop moulante. Sa ceinture était trop serrée. Quand, sous le soleil matinal qui montait dans le ciel, elle courut vers moi, je découvris combien son corps avait brusquement changé. Elle avait réussi à toucher mon cœur et en un seul instant, court et magique, elle avait réalisé sur moi une initiation merveilleuse. Un homme ! C'était mon rêve depuis si longtemps ! Mais être un homme ne signifie pas seulement avoir un beau cheval. Cela, je ne le savais pas encore. J'étais trop jeune.

Pendant que, tout seul, je ruminais ces sentiments flous, Somia aussi sembla avoir pris conscience de quelque chose. Le lendemain, je la vis atteler seule le bœuf pour aller puiser l'eau. Elle ne monta pas sur son dos comme d'habitude, mais s'assit, gracieuse, à côté du limon, comme les autres femmes de la steppe. Elle ne m'avait pas appelé pour l'aider, et je compris que ce n'était plus le moment de me mêler des affaires des femmes. Je regardai sa silhouette disparaître dans les champs cahoteux aux sols salins et alcalins qui s'étendaient à perte de vue. Je pris une pioche et une hache, et sortis. Ce jour-là, je réparai une à une les roues de notre charrette et je travaillai pendant tout l'après-midi à empiler les briques de bouses séchées. Une nouvelle vie commença, bien que personne n'eût annoncé son avènement. Peu à peu, grand-mère ne sortit plus pour s'occuper des charrettes rangées devant la porte. Elle restait assise toute la journée, et se penchant légèrement en avant, depuis la yourte sombre, donnait son avis sur tout ce qui se passait à l'intérieur comme à l'extérieur de cette tente. L'été, lorsque le soleil brûlait, elle aimait, clopin-clopant, franchir la porte de la yourte, et lézarder au soleil, en s'épouillant. Les passants la saluaient : « Tu es à ton aise maintenant, Egi ! » Elle répondait, rayonnante de joie : « Bien sûr, mes deux petits ont grandi ! Je n'ai plus rien à faire maintenant. » J'étais devenu un vétérinaire. Tous les jours, je partais avec le vieux vétérinaire du village et aidais les juments qui mettaient bas lors des accouchements difficiles, ou bien auscultais les vaches qui ne pouvaient allaiter leurs veaux. Après le travail, j'aimais lire, notamment le manuel sur l'élevage. C'était un livre écrit par des pâtres expérimentés, en collaboration avec des experts qui classaient de façon scientifique chapitre par chapitre. J'avais non seulement acquis du savoir, mais aussi entrevu un monde nouveau et immense que je ne soupçonnais pas. Quand, avec beaucoup de peine, je terminais la lecture d'un chapitre et que je tendais ma main pour prendre mon bol de thé, une voix douce de jeune fille m'interrompait : « Attends, Bapa. » C'était Somia qui me versait du thé. Je voyais alors ses cils noirs baissés qui tremblotaient et une joue rouge et ronde. Je ne pouvais plus continuer ma lecture. Je poussais la porte et tenais la bride de mon Ganga-Hala qui avait maintenant quatre ans. Je criais : « Hé, passe-moi les ciseaux. » Somia sortait en courant et me les donnait. J'égalisais sa crinière tout en jetant de temps à autre un coup d'œil vers Somia. A ces moments-là, elle me répondait toujours par un sourire.

C'était ainsi que nous entrions dans nos dix-sept ans.

Un jour, Somia et grand-mère conduisirent la charrette remplie de champignons blancs ramassés pendant l'automne à la commune pour les vendre. Je les suivis en chevauchant Ganga-Hala.

Nous restâmes longtemps au bourg de la commune. Mon père nous invita avec grand-mère pour le déjeuner. Quand nous prîmes le chemin du retour et arrivâmes au bord de la rivière du Bulegeng, il faisait déjà sombre. J'installai une petite marmite sur la berge, pendant que Somia ramassait des feuilles de roseaux et des crottins secs de chevaux. Nous comptions faire un brasero, préparer un thé chaud avec de l'eau du fleuve et manger quelque chose avant de repartir.

Les herbes fines et salées longeaient la rive nitrée. A côté des tiges durcies et grossies des herbes de *jiji*[1] poussaient des feuilles vertes. Le bœuf et Ganga-Hala les dévoraient avec gourmandise, sans bouger d'un seul pas. La fumée du brasero s'élevait en volutes, et couvrait leurs corps noirâtres. Assis autour du feu, nous causions à notre aise. Le fleuve, dans ses méandres, semblait vert et brumeux. Des étincelles orange sautillaient au-dessus des flammes qui nous réchauffaient. Sur l'eau calme qui glissait sans bruit à côté de nous, se réverbéraient des lueurs phosphorescentes. Nous regardions notre pays paisible et calme avec un merveilleux sentiment de bonheur.

— C'est à cet endroit, mes enfants (grand-mère sirotait du thé et fixait la fourche du fleuve d'un regard troublé), que les filles mariées disent adieu à leurs parents. Dans ma vie, j'ai vu tant de belles filles, des jeunes comme toi, Somia, passer ce fleuve et je ne les ai plus jamais revues. C'est pareil pour moi, depuis que je l'ai traversé pour venir ici, ça fait déjà plus de cinquante ans... Les vieux chantaient ainsi : *Bulegeng, Bulegeng, les filles passent le fleuve, et fini le pays natal, fini les parents...*

Nous rangeâmes les bols et la marmite, éteignîmes le feu, pour reprendre le chemin, quand grand-mère nous prit dans ses bras et dit avec hâte et angoisse :

1. *Jiji* : appellation chinoise d'*achnaterum splendens*, plante qui pousse dans le nord de la Chine, en Mongolie, en Corée et au Japon (N.d.T.).

— Somia, si jamais tu traverses aussi ce fleuve et vas dans un endroit lointain, moi, j'en mourrai de tristesse ! A mon avis, vous devriez rester à la maison tous les deux et vous marier. Comme ça je vous aurais toujours à côté de moi.

Nous sortîmes des bras de grand-mère en même temps. Je montai sur le cheval et je lui donnai des grands coups de pied. Dans le vent qui sifflait, le coursier noir grimpa la colline d'un seul élan. Lorsque je retins sa bride, j'entendis des chants monter derrière moi. Je tournai la tête et je vis grand-mère chanter en marchant. Elle tirait d'une main la charrette et de l'autre main tenait la jeune Somia. Ses pas étaient fermes et ses cheveux blancs voltigeaient dans le vent et la nuit qui tombait. Elle avait sûrement entrevu un avenir splendide pour avoir un air si jeune.

La nuit même, grand-mère insista obstinément pour aller dormir à l'ouest de la yourte. En face du fourneau, le grand tapis blanc en feutre destiné aux maîtres de maison resta vide…

III

Il est passé devant un puits – Oh ! nommé « Hala »
Au bord du puits il n'y a – ni seau ni auge

Ganga-Hala galopait dans la vallée obscure. Les yeux fermés, je me penchais en avant, sur sa crinière. Les méandres de l'eau, les roseaux, toute la steppe de Bulegeng et la fosse destinée à l'enterrement céleste n'étaient plus pour moi qu'un souvenir intenable. Peut-être que grand-mère était cachée derrière une touffe d'herbes et, sans cligner de l'œil, me contemplait avec reproche. Oublie-moi, grand-mère, j'éperonnai le cheval pour qu'il courût plus vite. Grand-mère, oublie le Baiyinbaolige d'hier ! C'est lui qui a écrasé le dernier rêve de ta vie, car Somia a fini par traverser le fleuve et partir pour un pays étranger. Le cheval fonça. La nuit s'écartait en silence. Comme une femme qui tend les bras, elle m'accueillait dans un espace tiède et opaque, en me transmettant une sympathie muette. Il n'y avait qu'elle – cette nuit de steppe qui nourrit dans son corps toutes les aubes lumineuses – qui était au courant de tout. Elle connaissait les moindres détails du passé de la steppe. Elle savait que moi, le truculent et brutal Baiyinbaolige, avais aussi connu des moments de douceur et de tendresse…

Somia et moi n'avions pas occupé le grand tapis blanc en feutre, placé au nord du fourneau. Les propos pleins de bonne volonté de grand-mère nous avaient définitivement éloignés. Depuis que je me plongeais dans les livres et m'intéressais aux connaissances vétérinaires, je devenais taciturne et ne ressemblais plus à aucun adolescent grandi dans la steppe. Lorsque la nuit elle gardait les troupeaux de moutons, Somia dormait souvent dans la cahute en face de la yourte. Nous n'échangions plus guère de paroles, mais nous ne cessions pas de nous épier et d'essayer de deviner l'intention de l'autre. Nous voulions tous les deux que cet état continuât, persistât jour après jour, et protéger ainsi une fleur invisible, fragile et précieuse. Quand nous étions obligés d'être en tête à tête, pour des décisions sur les événements minuscules de la vie, le présent d'une chouba à une famille, aller chercher ensemble mon père affairé dans la commune pour l'inviter à venir manger avec nous la viande de mouton, je remarquais à chaque fois l'exultation de Somia. Elle s'esclaffait pour un rien ; même manger ensemble des pâtes salées que l'on achetait à la commune la rendait pleine d'enthousiasme. Je sentais qu'un feu d'espoir était né en elle. Un avenir rempli de bonheur, doux comme une lumière de printemps, s'impatientait pour entrer dans notre yourte peu luxueuse !

C'était à ce moment-là que mon père reçut l'ordre d'une mutation. Partant pour une commune lointaine de la bannière voisine, il était venu nous dire adieu. J'étais accroupi par terre à l'extérieur de la yourte à découper des morceaux de viande de mouton quand j'entendis grand-mère lui parler. Puis, la voix forte de mon père s'éleva : « Ils sont encore trop jeunes ; ils viennent de passer leurs dix-sept ans... Mais, Egi, tout dépend de tes décisions. Baiyinbaolige est avant tout ton enfant... As-tu du *koumys* ? Il faut boire un peu... Je suis vraiment un homme comblé ! »

Avant de s'en aller, d'un geste brusque, il me prit dans ses bras. Ses os et ses articulations craquaient tant il me serrait fort. Je fus intimidé, mais je n'arrivai pas à le repousser. Il murmura d'une voix gutturale :

— Baiyinbaolige ! Je suis vraiment content pour toi. Si ta mère était encore vivante !... Mais laissons-la tranquille, la pauvre ! Je veux dire tout simplement que tu es un garçon magnifique !

Quelques jours après, le centre vétérinaire de la commune m'envoya une lettre : la bannière comptait ouvrir un stage d'élevage dans le but de former des experts vétérinaires pour chaque village. Le stage durerait six mois.

Depuis des années, j'aspirais à une formation spécialisée pour devenir un véritable expert. Je sentais que, si je continuais à apprendre auprès du vieux vétérinaire, je risquais de tomber dans la magie noire. Dire qu'il m'apprenait à souffler dans des tuyaux d'échappement de tracteurs enfoncés dans les anus des vaches pour guérir leur stérilité ! Ou à injecter du lait de chien dans les ventres des juments pour sortir les fœtus morts !... Toutes ces méthodes avaient effectivement prouvé leur efficacité. Mais aucune théorie ne les étayait. Peut-être que ce stage m'orienterait dans la voie d'un élevage scientifique. Je décidai de ne pas rater une occasion aussi providentielle pour un enfant de berger.

Bien sûr, je pensais à Somia. C'était peut-être juste à cause d'elle que j'avais fait ce choix. Quand je serai de retour dans six mois, Ganga-Hala sera un cheval de cinq ans, un beau coursier déjà. Et moi, j'en aurai dix-huit, l'âge adulte pour la steppe, où un homme devient indépendant et peut fonder une famille. A ce moment-là, je reviendrai, le corps grandi, les épaules larges et les muscles durs comme des blocs de fer. J'aurai acquis des savoir-faire inconnus des autres. Somia à dix-huit ans sera aussi plus intelligente, plus travailleuse, plus douce et plus belle. Ce jour-là, avec l'idée ferme et l'attitude réfléchie d'un homme prêt pour la vie, je lui demanderai de partager la mienne. Nous construirons une famille à rendre jaloux toute la steppe et nous nous occuperons de notre grand-mère pour remplir sa vieillesse de bonheur. Mes projets d'avenir me grisaient. J'attendrai avec impatience le jour de mon retour à la steppe, campé sur mon beau cheval à la fourrure belle comme une étoffe de velours noir… La chance m'avait ouvert une porte et l'image d'une nouvelle vie, bien remplie, avec son travail, ses bonheurs, ses émotions et son repos, qui m'attirait fortement. J'appelai Somia et lui montrai l'annonce : « Hé, je vais étudier à la bannière. Aide-moi à préparer mes affaires. »

Elle alla précipitamment chercher la selle. Je n'avais rien dit de plus. Je pensai que j'aurais le temps de tout lui raconter un jour. Le lendemain un camion arriva dans le village pour emporter les laines de l'automne à la bannière. Je demandai au chauffeur de me prendre avec lui. C'était un jeune homme simple et franc, un Chinois. Il me dit que deux personnes avaient déjà demandé avant moi d'être dans la cabine, mais qu'il pourrait construire pour moi, à l'arrière, avec des bottes de laine, une petite maison sans toiture lorsqu'il chargerait le camion. « Rassure-toi, ce sera aussi confortable que si tu prenais un avion », me dit-il.

Notre prairie de Bulegeng était très loin de l'emplacement de la bannière. Pour arriver le jour même, le chauffeur me dit que nous devions partir à trois heures du matin.

Après une discussion, nous décidâmes que Somia m'accompagnerait pour m'aider à m'installer et qu'ensuite elle rentrerait avec le même camion, chargé de provisions et de vivres qu'elle trouverait là-bas.

En pleine nuit, nous montâmes par une corde épaisse et rude, et nous grimpâmes sur une meule de laine, plus haute qu'une yourte, avec au beau milieu un trou formé par les bottes rectangulaires. C'était ce que le chauffeur avait appelé la « maison ».

Les roues du camion écrasaient sur la prairie les herbes glissantes et drues, dans un bruit harmonieux de crépitement. Les étoiles étaient rares, au-dessus de nos têtes, dans le ciel noir comme de l'encre de Chine. La lune croissante, accrochée en son milieu, était occultée par un gros nuage sombre, épais, aux formes insolites. La nuit était profonde, lointaine, large et sauvage. Quand, par hasard, le camion passait le pas d'une colline, des lueurs orange et minuscules entraient aussitôt dans notre champ de vue, sur un fond large et sombre. C'étaient les lumières des campements pas encore éteintes ou trop tôt allumées. Quand le véhicule fonça dans une vallée obscure, ces points mystérieux disparurent sur-le-champ. Il ne restait plus que les ombres floues des montagnes qui, des quatre côtés, nous encerclaient et nous envoyaient de plein fouet le froid glacial de l'automne.

— As-tu froid ? demandai-je à Somia, en serrant ma chouba.

— Oui… Le vent est trop fort.

Elle claquait des dents en grelottant.

Je réfléchis, défis la ceinture et étalai la large chouba devant nous deux pour couvrir nos genoux et nos poitrines. Blottis contre des bottes de laine, nous ne sentions pas le froid dans le dos. Mais le vent glacial s'infiltra tout de suite par nos épaules mal couvertes. Je tirai les coins de la chouba.

Somia se tourna vers moi et refusa.

— Non, remets-toi ça, tu auras froid.

— Non.

— Si tu as froid et tombes malade, grand-mère dira que c'est de ma faute. Elle…

— Tais-toi ! la sermonnai-je.

— Hé ! Baiyinbaolige, serre-toi contre moi ; tu as trop froid !

— Le froid ne me fait pas peur.

Je me hissai exprès et regardai d'en haut la plaine qui ondulait à perte de vue. Notre camion s'avançait en vrombissant. Au bord de la route, les gazelles mongoles réveillées en sursaut bondissaient et regardaient avec des airs engourdis le gros engin qui filait. Quand la machine passa devant elles, immobiles et debout, j'avais l'impression qu'elles ne faisaient plus qu'un avec les rochers noirs et coupants qui sortaient de la terre. En amont du Bulegeng, les ruisseaux confluaient et coulaient dans la même direction que nous, comme si c'étaient eux qui conduisaient notre équipe vers le lendemain. Les idées bouillonnaient dans ma tête, et je me sentis soudain en proie à une grande passion. N'est-ce pas que je ressemble à ces eaux qui sans répit traversent la plaine sauvage et dénudée ? Comme elles, je laissais une vie loin derrière moi en courant vers une autre, inconnue. Dans cette nuit calme, au cœur de la steppe, la fille du pays m'accompagnait sur cette route du départ. Froid, moi ? Qu'est-ce que cela pouvait me faire d'enlever la chouba ? Sais-tu comment je te protégerai et comment je m'occuperai de toi dans l'avenir ? Somia se recroquevilla en une petite boule, et, comme un petit agneau, se pelotonna sous la chouba que j'avais mise sur son corps. Sous la lumière des étoiles, je vis ses grands yeux cligner dans l'obscurité. Je sentis alors monter en moi un désir fort, mélangé de compassion et d'amour, une volonté ferme de protéger cette fille contre toute humiliation et peine. Je me tournai brusquement, soulevai toute la robe et l'enroulai entièrement sur son corps. Je ne fis pas attention à ses cris d'étonnement et ses gestes de refus. Je fourrai avec force la chouba sous ses aisselles, sous ses reins et sous ses jambes. Le vent froid transperça immédiatement le pull-over que je portais et je suffoquai. Mais je sentis monter en moi une grande allégresse, non, plutôt de la satisfaction et de la fierté.

— Non (en se débattant, Somia sursauta). Bapa-Baiyinbaolige… Tu es fou ? Tu vas mourir de froid ! s'écria-t-elle.

Elle se jeta vers moi, serrant la robe dans ses mains.

A ce moment-là, le camion fit une virevolte inattendue et s'enfonça dans un petit ruisseau peu profond. Des bottes de laine vacillèrent lourdement. Je tombai sous le choc contre le mur de la « maison ». Somia poussa un cri et s'écroula dans mes bras. Sa joue froide toucha ma nuque. Je sentis des vagues immenses sourdre dans ma poitrine et mon cœur tambourina. J'oubliai tout ce qui existait au monde et je la serrai follement dans mes bras. Je la caressai et je l'embrassai avec maladresse. Je l'enlaçai si fort qu'elle geignit. Au comble de l'excitation, je n'arrivais plus à parler correctement, et je répétais sans arrêt en un murmure : « Somia, Shana, Shana… »

Somia se colla contre moi de toutes ses forces. Elle enfouit sa tête contre ma poitrine et ne la releva plus. Quand je sentis que mes vêtements étaient en partie mouillés, je m'aperçus qu'elle pleurait.

Nous roulions sur la vaste plaine de Gobi. Les courants d'eau se croisaient. Le moteur vrombissait. Les bottes de laine se balançaient. Je secouai le corps de Somia, je tendis la main pour soulever son menton et je lui criai avec empressement : « Somia ! Ne pleure pas comme une sotte ! Ecoute-moi, j'ai réfléchi, tu attendras que je rentre l'année prochaine, nous nous marierons ! Tu entends ? Je rentre dans six mois, et je t'épouserai ! »

En sanglotant, Somia hocha la tête avec véhémence.

Nous nous serrions très fort. Nos beaux rêves sur la vie future nous réchauffaient autant que les chaleurs de nos corps qui chassaient la froideur de la nuit automnale. Le camion accélérait comme un cheval au galop. Sur la prairie sans limites, des crêtes de collines défilèrent de part et d'autre de la route, dans un vent houleux. Oh !

quel monde immense et merveilleux ! Que d'avenir devant nous ! Je commençai à chantonner. Mais Somia m'interrompit. Elle scella ma bouche d'une main et de l'autre caressa mon visage avec douceur. A la fin, elle enfonça ses doigts dans mes cheveux, les ébouriffa, et les aplatit ensuite. Elle resta muette un bon moment avant de m'embrasser longuement. Je sentis l'humidité et la chaleur de sa bouche, mêlées au goût amer des larmes. Dans l'obscurité, ses grands yeux me fixaient sans cligner. Au fond de sa pupille brillait un point cristallin et pur. Les vagues dans mon thorax déferlèrent à nouveau et j'entendis revenir les terribles tambourinements, accompagnés des vertiges de bonheur, d'un trouble sans nom et d'un sentiment de responsabilité d'un homme comme un dieu protecteur. Je recouvris Somia avec la chouba et je serrai ses petites mains. Les roues de notre camion éclaboussèrent les eaux des ruisseaux. Quelques gouttes d'eau semblaient tomber sur nos visages brûlants. Le gros nuage épais au-dessus de nos têtes était maintenant invisible, mais, j'en étais sûr, cachait l'*étoile de Giolima*[1] et la lune. Nous restâmes longtemps enlacés, en silence, main dans la main. Nos paumes en devenaient moites. A l'est, le froid pur de la nuit commença à se dissiper. Sur le ciel bleu sombre, brillaient les dernières étoiles qui s'y incrustaient. Mais

---

1. *Etoile de Giolima* : l'étoile de bonheur pour les amoureux (N.d.T.).

derrière ce voile noir étoilé, comme surgis d'un long sommeil, s'élevèrent les premiers accords d'une musique splendide qui glissait sans bruit vers nous. Elle était inaudible pour l'instant, peut-être n'avait-elle pas du tout de sons, mais elle avait bel et bien jailli, et s'approchait à une vitesse vertigineuse. Elle brisa le calme harmonieux de cette longue nuit, sauvage et infinie. Peut-être était-ce l'amour même. Elle déferla tel un torrent impétueux, et déversa sur la steppe nocturne restée trop longtemps dans l'obscurité une force pleine d'agitation et de vie.

Somia frôla mes cheveux le long de mes tempes. D'une voix presque inaudible, elle répéta doucement : « Ce que tu es bon, Bapa… »

A cet instant-là, notre camion, en vrombissant, atteignit le col le plus élevé de la ligne Qing-Ger. Le visage de Somia en face de moi s'empourpra soudain. Etonné, je regardai vers l'est.

Le soleil levant… Loin, très loin, peut-être à plusieurs dizaines de milliers de kilomètres, à l'est de la prairie, là où l'océan marque la ligne d'horizon… Nous étions éblouis… Une demi-boule, rouge sang, pointait avec timidité et s'agitait avec angoisse. Au-dessus de nos têtes, les couches de nuages, noires et bleues, qui couvraient le ciel s'étendaient tout droit jusqu'à l'est, et rencontraient là-bas le soleil naissant qui brûlait et enflammait leurs bords. Flamboyante boule de l'aube ! D'un rouge enivrant, elle bondissait et rayonnait, aux confins d'une terre immense, plate et infinie. Avec une énergie qui ne connaissait pas de résistance, elle coupa la longue nuit de la steppe dans l'orient lointain.

Oh ! les mots ne servaient plus à rien. C'était l'aube la plus belle, la plus magnifique que j'eusse jamais vue.

Inconsciemment, nous nous étions mis debout. Nous regardions ensemble vers l'est, face aux rayons rougeoyants qui jaillissaient et se propageaient, puissants et généreux. Avec des yeux ronds d'étonnement, Somia contemplait ces nuages à l'horizon. Sur son visage se figea un air de ravissement. Le soleil levant, rouge, doré, se reflétait dans ses yeux noirs et clairs. Il s'y transforma en une joyeuse étincelle de feu. J'essayai d'apaiser les battements de mon cœur et de retenir mon souffle. Je serrai longuement ses mains dans les miennes. La demi-sphère de feu tournoya, sautilla, sortit enfin des entrailles de la terre pour entrer dans le monde. Somia m'enlaça tout d'un coup et je la serrai contre ma poitrine. Nous contemplions ce paysage inouï. En proie à une émotion pure, je louai les grâces du soleil et de la terre, celles de la grande steppe, matrice de tous les êtres et protectrice de notre vie.

Oh, aube empourprée du soleil levant ! Quel commencement merveilleux !

Maintenant, j'avais à tout jamais perdu cette beauté, et je titubais dans la steppe, en proie à mes inquiétudes, à mes incertitudes, à la recherche de ma bien-aimée d'antan, sachant qu'elle ne m'appartenait plus, et que je ne voulais la trouver que par pure obstination. Je savais d'avance que les retrouvailles ne signifieraient pour moi qu'une violente douleur – malgré tout cela, aujourd'hui encore, je pense que je suis un homme heureux, à cause de ce que j'ai vécu et de ce merveilleux commencement. Je me souviendrai toujours de ces nuages splendides et disparus à jamais, de ce jeune soleil qui, en remuant, sortait des entrailles de la terre en un élan solennel. Pour moi, le soleil, ce jour-là, exprimait les sentiments les plus purs, les plus beaux et les plus proches des êtres humains. En marchant inlassablement aux rythmes lancinants et pathétiques de la vieille ballade *Mon beau cheval noir*, en m'interrogeant avec minutie sur toutes mes fautes et en consumant toutes mes peines, je constatais ma chance d'avoir une vie intérieure riche, d'être un homme qui sait distinguer ce qu'il aime et ce qu'il hait, et qu'après tout tel est le vrai bonheur de la vie.

IV

*Je suis passé devant deux tentes – qui servaient d'*ayil[1]
Dans ces familles – la sœur que je cherchais n'y était pas.

Ganga-Hala était vraiment un fameux coursier. Maintenant, il était un peu âgé pour les concours, mais il avait toujours le pas rapide et stable. Sur son dos, je montais les collines et descendais les vallées. En une nuit et un jour, nous avions parcouru plus de cent kilomètres. Sur la gauche du chemin, le profil imposant de Baiyinoula se dessinait devant nous avec netteté.

Vers le soir, au milieu des herbes mouillées de Baiyinoula, je m'avançai lentement au gré de ma monture et regardai de loin les silhouettes des femmes. A la nuit tombée, je pris enfin la décision de m'arrêter devant une petite yourte noirâtre et délabrée.

Je poussai la porte et lançai un salut vers l'intérieur sombre. Il me fallut un long moment pour apercevoir deux vieillards assis sur un tapis

1. *Ayil* en mongol, veut dire « maison », « habitation » et « voisin ». Les Chinois l'ont traduit au treizième siècle par « Ayinle » (N.d.A.).

de feutre, en train de fumer en silence. J'échangeai avec eux quelques phrases simples, tout en détaillant leur habitation. Aucun signe de présence féminine. D'après les ustensiles élémentaires, mais bien rangés, je compris qu'il s'agissait sûrement de deux anciens lamas. C'était l'endroit idéal pour faire une halte et passer une nuit.

L'un de ces deux vieillards sortit une planchette carrée et un couteau de cuisine enfoui dans une des fissures au dos du bois. Il découpa avec lenteur quelques morceaux de viande et, sur le bois carré qui ne mesurait même pas un *chi*[1], commença à étendre de la farine qui devint bientôt sous ses doigts de fines nouilles. Quand, enfin, il les mit dans la marmite et la couvrit de cette même planchette juste retournée, je leur posai, avec prudence, des questions sur Somia. Le vieillard qui avait préparé les nouilles me demanda :

— Vous voulez des nouvelles de la femme de Dawachang, propriétaire de la grande charrette ? Mais, voyons... Ils n'habitent pas dans la prairie. Ils sont du côté de la commune, n'est-ce pas ? dit-il en se tournant vers l'autre vieillard.

Ce dernier bourra à nouveau sa pipe et l'alluma. Pendant longtemps, il frappa le bout en faux jade, et n'ouvrit la bouche qu'après un long silence pour parler avec sa langueur habituelle.

— Dawachang habite à Nogaichoer. Il y a deux jours seulement, j'ai vu sa femme.

1. Un *chi* est un tiers d'un mètre.

Sur ce, il étendit ses jambes et tapota minutieusement sa pipe contre la semelle de sa chaussure. Je ne posai plus de question. Il bâilla, se mit à préparer son oreiller, sa couverture de cuir et se coucha.

Je soufflai la lumière de la lampe à l'huile et m'enroulai dans la couverture en feutre. Bras sous la nuque, je regardai le ciel nocturne à travers la lucarne.

C'était donc déjà la nuit sur la steppe Baiyinoula.

Somia habitait-elle vraiment sous le même ciel, partageait-elle la même nuit que la mienne ?

Le stage sur les techniques de l'élevage avait duré deux mois de plus que prévu. Quand je retournai à Bulegeng, c'était déjà le début de mai, la saison où les herbes verdissent.

J'avais bien étudié. Sur les deux cours, de l'amélioration des races des petits animaux et de la médecine vétérinaire, je reçus les louanges des professeurs. A la cérémonie de congratulations, on me remit un diplôme et des primes : une caisse remplie de médicaments et d'ustensiles médicaux.

Li, le chef du Département de l'élevage, me dit que l'Institut d'agriculture allait recruter des élèves parmi nous. D'après mes résultats, il pourrait me recommander pour la section que je désirais. Je rendis le formulaire à Li, en lui disant que c'était vraiment tentant, mais que je ne voulais pas quitter la steppe. Li me demanda de bien réfléchir. Tous les jeunes ici n'avaient pas une telle chance. J'empruntai un cheval le lendemain matin et je courus vers le fleuve de Bulegeng.

En m'approchant de chez moi, je vis de loin grand-mère et Somia devant la porte de la yourte. Le vent soufflait les coins de leurs robes qui voltigeaient.

Mais la voilà, la vraie chance pour moi, que tout l'or du monde ne pourrait acheter ! Rester avec la jeune fille que j'aime, travailler, étudier, vivre. Regarder ensemble tous les matins du monde, devenir un homme, un vrai. Quel avenir !

Grand-mère me posait des questions. Somia sortait toutes les friandises qu'elle avait gardées spécialement pour moi. Je rangeais les livres que j'avais rapportés. En les posant sur le couvercle des caisses, constatant le grand changement de notre foyer, un immense bonheur m'envahit. Tout recommença. Nous discutions avec sérieux et minutie de notre mariage. Nous allions attendre l'automne, quand la naissance des agneaux, le rasage des toisons et l'examen médical des troupeaux d'animaux seraient terminés. A ce moment-là, père aurait peut-être le temps de se déplacer. Grand-mère comptait préparer en été un grand seau de *koumys*, pour qu'il pût boire à cœur joie.

Je ne pouvais plus quitter mes livres. J'avais gardé l'habitude, quand je terminais une page, de tendre la main pour prendre mon bol que Somia remplissait immédiatement de thé au lait.

Comme avant, je lui rendais un regard de remerciement, et je rencontrais le sien perdu dans ses réflexions. Mais l'expression de ses yeux était assez bizarre. Ils me semblaient même emplis de tristesse. Elle me regardait avec hésitation et me donnait l'impression de se tenir sur ses gardes. Son regard me paraissait étranger, empreint d'une vigilance voulue. C'était le regard d'une femme.

Je m'étonnai. Est-ce que toutes les jeunes fiancées sont aussi soupçonneuses envers leurs fiancés ? Je lui demandai : « Que se passe-t-il, qu'as-tu ? Viens par ici, Somia. » Mais elle hocha la tête, poussa la porte et sortit. Sa robe sans ceinture traînait jusqu'à ses pieds.

Un soir, quelques jours après mon retour à la steppe, je sortis pour soigner quelques agneaux boiteux. Mon travail terminé, le maître de maison apporta un seau en plastique et m'offrit à boire. Un groupe de bergers qui passait par là se joignit à nous.

Nous buvions et nous chantions. Bientôt tout le monde était ivre. J'étais heureux et de bonne humeur. Je chantais très fort. C'était alors que Hila, l'Homme aux cheveux jaunes, soûl, prit mon épaule et me demanda :

— Baiyinbaolige, te voilà bien content. Dis-nous ce qui te rend si joyeux, que tout le monde partage ta joie.

— C'est vrai, Hila, mon frère, je suis heureux.

Et je lui confiai le secret de ce bonheur.

— Tu sais que bientôt, je vais me marier, avec Somia. Je n'irai pas à l'Institut d'agriculture ! Non ! Je n'irai pas là-bas ! Je resterai toujours avec elle et mon Egi. Toujours !

Ma bouche était pâteuse, mais mon cœur plein de joie.

— Avec Somia ? Eh, eh, eh.

Hila se mit à rire, d'un rire rauque et sourd. Il leva un bol rempli à moitié d'alcool fort, l'ingurgita et se pencha vers moi :

— C'était vraiment une belle vache, et ses seins… et ses seins, si doux, si sucrés…

Il se mit à rire, en se balançant dans tous les sens avant de chantonner.

— Tais-toi, Hila. Qu'est-ce que tu racontes ? Ferme-la, tu es complètement ivre, le sermonna un homme dans la pénombre.

— Je ne raconte pas n'importe quoi !

Hila bondit brusquement, son haleine sentait le vin âcre, ses prunelles tournaient et lorgnaient tout le monde avec méchanceté. Ses yeux s'arrêtèrent enfin sur moi. Il me fixait. Soudain, il se mit à rire sans vergogne.

— De toute façon, Baiyinbaolige est un homme intelligent et compréhensif ! N'est-ce pas ? Ta vache, si ravissante, va bientôt mettre bas. Oui, un petit veau jaune, ha-ha-ha. N'est-ce pas, mon petit frère ?

La colère me prit. Je me levai, emporté par la violence et la rage. Je poussai les bergers qui me retenaient et je levai ma botte. D'un coup puissant je le renversai par terre avant de sortir de la yourte en courant.

Quand, fou furieux, j'attrapai les rênes de Ganga-Hala et montai sur les étriers, j'entendis le rire et les cris perfides et déments de l'Homme aux cheveux jaunes :

— Fous-le camp d'ici, rentre et caresse ta belle vache… Je te l'offre, elle, et le petit qu'elle a dans son ventre !

Je donnai de rudes coups de cravache à ma monture. Ses sabots en cognant les pierres faisaient des étincelles. Les injures de ce diable aux cheveux jaunes me mirent dans une colère noire. Depuis que j'ai grandi dans cette steppe, je n'avais jamais entendu pareilles ordures. Je regrettais de ne pas avoir giflé cet homme capable de proférer de telles paroles. J'aurais dû lui administrer une grosse piqûre comme celle que je pratiquais sur les animaux pour qu'il hivernât à tout jamais, cette ordure qui avait osé souiller mon amour et insulter ma chère Somia.

Ganga-Hala s'arrêta brusquement devant la porte de la yourte. Je bondis du cheval et d'un seul élan défonçai la porte. Somia poussa un cri perçant.

Elle était en train de changer de vêtements. Les pans de sa veste n'étaient pas encore boutonnés. Mes yeux la dévisageaient : je vis pointer de sa robe un ventre bien rond.

Je restai coi. Mes mains se crispèrent sur le chambranle de la porte. Je fixai ce ventre gonflé. Mes yeux de médecin me disaient qu'elle était enceinte de cinq ou six mois au moins. Je venais de comprendre le sens des paroles ordurières de Hila, l'Homme aux cheveux jaunes, et le regard méfiant et peureux de Somia depuis ces derniers jours.

Grand-mère dormait à côté. Elle ronflait légèrement. Peureuse, Somia m'observait. Elle recula dans un coin de la tente. Elle essayait de boutonner sa robe, sans y parvenir. Ses grands yeux ronds étaient remplis de larmes. L'alcool me saisit en même temps que la colère. Mais une tristesse ineffable m'envahit, qui me rendit impuissant. Je marchai vers elle, lentement, pas à pas. Elle recula. Je lui demandai avec désespoir :

— C'est vrai... Il est de Hila, l'Homme aux cheveux jaunes ?

J'entendis l'écho de ma voix. J'eus l'impression qu'elle sanglotait.

Somia restait collée contre le mur de feutre, tremblante. Sans prononcer un mot, elle me fixait, les larmes coulaient le long de ses joues.

La terre se déroba sous mes pieds... Hila, l'Homme aux cheveux jaunes, était le seul coupable. Combien de femmes avait-il violentées dans la steppe ! Partout, on voyait des enfants aux cheveux jaunes et sales, aux yeux froids et stupides. Plus d'une fois, j'entendis des gens me dire : « Regarde, ce sont tous des enfants de Hila, l'Homme aux cheveux jaunes. »

J'allais exploser. Des convulsions terribles m'envahissaient, des étincelles voltigeaient devant mes yeux. Je me jetai sur Somia et la saisis par le col de sa robe, je la secouai de toutes mes forces. Je voulais qu'elle me parlât. Mais elle garda opiniâtrement la bouche fermée. Pris de rage, je hurlai, en la secouant comme une herbe dans le vent.

— Dis-moi la vérité. Mais dis-moi la vérité. Pourquoi restes-tu là, muette comme une carpe !

C'est ce diable aux cheveux jaunes qui t'a fait ça ?

— Lâche-moi. (Somia se mit à crier à haute voix.) Mon enfant ! Mon enfant ! Lâche-moi ! Mais tu vas me lâcher !

Elle pleurait en criant, et se débattait dans mes bras. Soudain, elle baissa la tête et mordit avec dureté ma main crispée.

Pris de douleur, je retins mon souffle. Ma main se paralysait, je finis par la lâcher. Somia, dépassée, enfouit son visage dans ses mains et se mit à pleurer à haute voix. Chancelante, les cheveux ébouriffés, elle me poussa de tout son corps et courut dehors.

J'essuyai le sang sur ma main. Mais de la plaie suintèrent aussitôt de nouvelles gouttes de sang. Je m'écroulai par terre, découragé. Et je vis avec étonnement grand-mère qui m'observait d'un œil glacial. Elle était réveillée et assise à côté depuis un bon moment. Je voulus l'appeler, mais je n'y arrivai pas. Elle m'observait avec une telle indifférence que je me sentis soudain un étranger. Une idée terrifiante et qui ne m'avait encore jamais effleuré l'esprit m'assaillit : je me rappelai soudain que je n'étais pas l'enfant de cette vieille dame.

Grand-mère ouvrit la bouche et parla lentement. Elle parla longtemps mais je ne l'écoutais plus… Je ne voulais pas l'écouter. Elle racontait la loi inexorable qui régissait la steppe, le mal qui avait toujours existé et que nous voulions à tout prix endiguer. Ce mal perdurait, comme la nuit suit inlassablement le soleil ; il continuait, souillant, tuant tout ce qui est beau, tout ce qui est fragile. Raison pour laquelle Somia n'avait pu échapper au mauvais sort en croisant Hila, l'Homme aux cheveux jaunes, sur le chemin vers le puits.

— Hélas, depuis que tu es parti étudier à la ville, Hila nous a harassées, pendant tout l'automne, soupira grand-mère. C'est tout simplement un chien.

Elle semblait ne pas trouver l'affaire grave.

Je me tus. Un grand silence envahit la tente. Grand-mère baissa les yeux et compta les colliers qui pendaient devant sa poitrine. Dehors, devant la porte, au milieu des aboiements des chiens, je crus entendre Somia sangloter sur la charrette.

J'ouvris une caisse et sortis, avec haine et tristesse, le couteau mongol que père m'avait laissé. La lame brillait sous la lumière. Grand-mère souleva la tête et me regarda sans me comprendre.

— Baiyinbaolige, comment, me dit-elle avec un ton d'étonnement, comment, mon enfant, penses-tu tuer quelqu'un à cause de *ça* ?

Je me mis en colère.

— Comment un malfaiteur de cette espèce mérite-t-il un jour de plus ? demandai-je avec haine.

Elle hocha la tête et commença à gratter ses cheveux argentés.

— Calme-toi, mon enfant. Tout le monde sera contre toi, le Bouddha et les bergers. Ce chien de Hila... Mais il n'a pas commis un grand crime. (Elle me tendit une main décharnée.) Passe-moi le couteau que je cache ton engin effrayant. Qu'est-ce qu'il y a de grave ? Ça arrive aux femmes depuis la nuit des temps ! Ah, pour nous, savoir que Somia peut avoir des enfants n'est pas non plus une mauvaise chose.

Je tremblais de colère. Mais je sentis plutôt une solitude insurmontable naître en moi. Le couteau que je tenais dans la main tomba par terre. Sans dire un mot, je sortis de la yourte. La lune, pleine, était accrochée au milieu du ciel. Je m'appuyai contre la porte et je regardai un long moment cette steppe brumeuse et sans bornes.

Dehors, Ganga-Hala se mit à hennir. Je le vis,. le harnais sur son dos, et prêt à partir n'importe où avec moi. Il n'attendait qu'un signe de moi. Non, ce n'est pas la peine d'aller nous venger, mon ami. Je m'approchai de lui et commençai à lâcher son harnais, qui était trop serré. En le détachant, ma main que Somia avait mordue me fit mal. Je me sentis à bout de souffle. J'enfouis mon visage dans la crinière de Ganga-Hala qui commençait à s'ébrouer d'impatience. Ses sabots de devant grattaient nerveusement les herbes.

Sans doute les lectures m'avaient-elles apporté une autre qualité, peut-être, au fond, n'étais-je pas un homme des steppes, en tout cas je me rendis compte, les joues contre mon cheval, de ma différence avec les gens d'ici. Je ne supportais pas l'attitude de grand-mère qui acceptait avec résignation la nature et la loi de la steppe que j'aimais pourtant d'un sentiment si profond. Dans le noir, j'embrassai le cou de Ganga-Hala. Je bouillonnais dans mon for intérieur. Je fis tous les efforts du monde pour me retenir, j'utilisai tous les souvenirs du passé pour tenter de couvrir cette étincelle de colère irrésistible. Mais une autre tentation était née, dans cette douleur ineffable, intenable. Une idée m'envoûtait, me poussait à suivre un autre chemin, à vivre dans une autre civilisation, plus claire, plus pure, où il y aurait plus de respect humain.

Mais je ne pourrais pas vivre sans Somia ! Je ne pouvais oublier ce passé qui remontait à notre enfance. Cette vie d'antan était si douce, si familière, comme le ruisseau qui coule, à la fonte des neiges au printemps, dans la vallée, en imprégnant les racines des herbes. L'eau du ruisseau était si pure et si suave que c'était le champ de mon cœur qu'elle irriguait. Je nous revis enfants, lorsque nous vivions comme frère et sœur. Je revis les étincelles dans les beaux yeux de Somia. C'était comme un rayon de soleil. A côté, tout paraissait sombre et laid. Je marchai jusqu'à la charrette, et j'appelai doucement Somia par son nom. J'espérais qu'elle en descendrait et comme avant collerait ses joues contre ma poitrine. J'espérais qu'elle m'embrasserait de nouveau, avec ses lèvres humides, et mettrait ses mains dans mes cheveux. Elle me confierait tout ce qu'elle gardait secret en elle, et je lui pardonnerais. Je trouverais le moyen de torturer l'esprit de Hila, l'Homme aux cheveux jaunes, jusqu'à sa mort.

Somia avait cessé de pleurer. Mais elle ne répondit pas à mon appel. Je restai longtemps à côté de la carriole avant de retourner à la yourte. Pendant toute la nuit, je gardai les yeux ouverts.

Deux jours passèrent. Somia avait retrouvé son calme. J'attendais qu'elle s'approchât de moi et me parlât. Quand je rentrais de mes visites médicales, après m'être occupé de mon cheval, ou bien quand je tournais délibérément autour de la charrette, je pensais qu'elle allait apparaître devant mes yeux et se jeter dans mes bras. Mais rien de ce que je souhaitais n'arriva. Deux jours s'écoulèrent ainsi.

Le matin du troisième jour, j'allai au bord du fleuve de Bulegeng et je tombai sur mon ennemi juré : Hila, l'Homme aux cheveux jaunes. Il était là, sur le bord de la rive, derrière un pan de roseaux.

Il était sur un petit cheval bariolé de brun et de blanc, une casquette molle posée sur sa tête. Lorsqu'il me vit, il fut un peu gêné et chercha quelque chose à dire. Mais dès qu'il ouvrit la bouche, je remarquai aux commissures de ses lèvres ce sourire perfide et vicieux.

Impossible de refouler ma colère. Mes mains crispées n'arrivaient plus à tenir la bride. Brusquement, Ganga-Hala se cambra et galopa vers lui. Je soulevai ma cravache et je frappai de toutes mes forces ce visage laid, si plein de haine. La casquette s'envola et la tête jaune et sale tomba sur la terre acide. Je descendis du cheval et marchai vers lui. Hila me regardait avec haine. Il se mit debout et se jeta sur moi.

Nous nous débattîmes longtemps dans l'eau en écrasant les roseaux. Mon ventre reçut plusieurs coups, mais je réussis d'un seul coup de poing efficace à le renverser dans l'eau glauque du Bulegeng. Les vagues montèrent.

Je tremblais de tout mon corps et supportais la douleur au ventre. Je repris ma monture et rentrai lentement vers la yourte.

Depuis l'extérieur, j'entendis Somia qui discutait avec grand-mère. J'appuyai ma main sur mon ventre et, avec beaucoup de peine, j'arrivai devant la porte. J'entendis la voix de Somia :

— Egi, regarde ce beau tissu.

Mes pas étaient très légers, elles n'avaient rien entendu. J'avais soif et, pris d'une nausée forte, j'eus envie de vomir. Je voulais appeler Somia pour qu'elle vînt me porter secours. Mais je n'arrivai pas à prononcer un son. Je tirai la porte avec force et la voix de Somia se tut. Je la vis cacher avec effroi une paire de petits chaussons de velours rouges. Elle me regarda avec vigilance, les mains derrière le dos, et resta muette.

Un désespoir jamais éprouvé et une immense tristesse m'envahirent. L'aigreur montait en moi et se bousculait dans ma gorge. Je tournai la tête et crachai du sang sur la pelouse, devant la porte. Comme elles, je ne voulais pas qu'elles me voient. Impuissant, je m'appuyai contre le chambranle et je me glissai lentement sur le seuil. Je regardai Somia sans cligner des yeux. Et elle, comme si soudain elle se souvenait de quelque chose, courut vers la porte de toutes ses forces. Je levai un bras et dis doucement :

— Ne va plus à la charrette, Somia, c'est ici ta famille.

Cette phrase avait, je ne sais comment, glissé de ma bouche. Pendant longtemps, je restai étonné d'avoir pu prononcer de tels mots :

— Ne bouge pas, Somia. C'est à moi de partir… Somia, grand-mère, je m'en vais…

V

Je demandais de ses nouvelles à un berger
Il me dit qu'elle est partie transporter des crottes de mouton

Nogaichoer était un petit lac, mais très profond. Le pan abrupt du Mont Baiyinoula plongeait directement dans ses eaux. Vu du sud, il ressemblait à n'importe quel lac dans les montagnes issu des neiges fondues tout en étant différent des autres que l'on trouvait dans la steppe de Xilingele, qui, peu profonds, n'étaient tout simplement que de petites sources ou des flaques d'eau. Du fait de sa profondeur, ses eaux n'étaient ni sales ni troubles. Le matin, avant que le bétail ne vînt s'y abreuver, ses eaux bleutées rayonnaient, calmes, dans la vallée. C'était peut-être à cause de cette source précieuse et introuvable que beaucoup d'unités de travail de la commune Baiyinoula avaient été transplantées jusqu'ici : la distillerie de lait, la maroquinerie, les petites boutiques d'alimentation, et les écoles primaires. Quand je m'approchai de cet endroit, campé sur mon cheval, j'eus presque l'impression d'être ailleurs. Il s'y trouvait même des poulets qui picoraient et des canards. Somia vivait-elle dans un pareil endroit ?

Je trouvai sans peine la petite maison en argile de Dawachang, le charretier.

C'était une modeste bâtisse construite au bord du lac, une fosse entourée de trois simples murs. Devant la porte en bois, se trouvait un four en argile, noirci par la fumée, et à côté une grande charrette pleine de marchandises dont les timons étaient relevés très haut. Les harnais traînaient par terre. Sur des ficelles pendaient des vêtements et du linge de toutes les couleurs. Un petit jouet en plastique bon marché gisait là, dans la poussière.

J'hésitai, mais je ne descendis pas du cheval. Somia habitait donc dans cette petite maison en terre cuite. J'allais frapper à la porte ou bien crier son nom. Oh, c'était donc cela les fameuses retrouvailles dont on parlait tant dans les livres ! Mon cœur se mit à battre la chamade. Pas très loin du lac, l'eau grise qui vacillait avec lenteur, avec harmonie me faisait sentir le temps qui passait avec lourdeur et qui à ce moment me paraissait d'autant plus difficile à supporter. Je me mordis les lèvres et attachai Ganga-Hala à la carriole. Je marchai sur les os et les tas de bouses en m'approchant de la porte. Je me baissai pour ramasser un petit vêtement qui traînait par terre dans la poussière et poussai la porte avec force. Ce qui à première vue me sauta aux yeux, ce fut un grand lit en brique dont les bois qui le bordaient manquaient pour la plupart et laissaient entrevoir le fond en argile, lissé par l'usage. Au milieu des couvertures en cuir, des manteaux, des choubas et des robes en peau de chèvre, je comptai trois enfants qui dormaient à poings fermés en travers, leurs pieds sales dépassant des couvertures de fortune. Aucune grande personne. Sur le mur de l'ouest, il y avait une porte basse. Je la poussai et découvris une petite lucarne encadrée de bois, noircie par le temps, recouverte de toiles d'araignées. Contre le mur s'affaissaient une vieille tente, des bâtons et une petite porte en bois, rouge-violet. Mes yeux s'embrumèrent, c'était tout ce qui restait de mon foyer, où nous trois, non, nous quatre en comptant notre jeune poulain noir, nous avions vécu ensemble…

Je fixai cette yourte à moitié détruite. Oui, Somia vivait effectivement ici. Elle s'était mariée et était partie si loin, dans un lieu inaccessible pour un homme de la plaine du Bulegeng. Elle avait caché son passé comme elle cachait cette yourte, et à l'extérieur, dans la chambre sale qui bordait le lac, elle menait comme tout un chacun une vie pesante.

— Que cherchez-vous ?

Une voix claire retentit derrière moi. Pris au dépourvu, je tremblai.

Je me tournai. Une femme, qui portait une veste courte à la mode occidentale et des cheveux courts coupés au-dessus des oreilles, me dévisageait avec gentillesse. Ce n'était pas Somia. Je soupirai et demandai en chinois :

— Je cherche Somia… La femme de Dawachang. Elle est ma sœur. Je viens de Bulegeng.

— Ah, camarade Baiyinbaolige ! s'exclama-t-elle avec joie. Je vous connais. N'êtes-vous pas parti étudier à l'université ?

— Oui, maintenant je suis diplômé, répondis-je, peu sûr de moi.

Elle me connaissait, mais que savait-elle au juste de moi ?

— Quelle est votre spécialité à l'université ? Sœur Somia n'a jamais su m'expliquer clairement, demanda-t-elle avec entrain.

— Je suis diplômé de l'Institut d'agriculture, répondis-je, et vous, qui êtes-vous ?

Elle sourit, une main remettant ses lunettes sur son nez.

— Je m'appelle Ling, et je suis l'institutrice. Je suis diplômée de l'Ecole normale. C'est rare de rencontrer un étudiant ici et en plus vous êtes parent de ma petite Gigige.

— Petite Gigige ? demandai-je aussitôt.

— Comment, vous avez oublié ? La fille de Somia. Elle est déjà en deuxième année de primaire. C'est mon élève.

Evidemment, je n'avais rien oublié. Je n'oublierais jamais tout cela. Et ce malfaiteur d'Hila qui méritait l'enfer pour l'éternité. Le jour où j'avais dit adieu à grand-mère dans la grande vallée lors de son enterrement céleste, je n'avais pas songé à rendre visite à cette ordure aux cheveux jaunes. Nous avions encore des comptes à régler tous les deux. Gigige... Gigige... Je répétais ce nom. Pauvre enfant triste. Pauvre petite fleur. Tu n'as tout de même pas ces affreux cheveux jaunes et sales… Les filles sont toujours plus propres que les garçons. Somia était plus pure que moi. Je souhaitais que cette enfant fût brillante et qu'elle aimât sa mère qui l'avait conçue. Car, que je le veuille ou non, maintenant je ne pouvais plus renier son existence.

— Institutrice Ling, est-elle sage au moins la petite Gigige ? Je pense qu'elle doit être déjà très grande maintenant.

— Grande ? Ah, ah, mais non… Mais vous n'êtes donc au courant de rien depuis votre départ ?! s'écria-t-elle (et comme se souvenant soudain d'une chose importante, elle ajouta) : C'est vrai, je suis venue pour aider à faire le ménage. Somia ne sera pas de retour aujourd'hui, c'est à moi d'aller puiser l'eau.

Elle prit des seaux et tourna la tête pour me regarder :

— Et vous, qu'allez-vous faire ? Vous asseoir ici ou me donner un coup de main ?

Je pris deux seaux et suivis l'institutrice vers le lac. Le ciel bas et la surface des eaux s'unissaient dans le crépuscule. Le spectacle m'attrista. J'attendis qu'elle continuât à me parler d'elle. Je voulais tout savoir. Mais cette institutrice ne se rendit compte ni de mes états d'âme ni de sa gaieté. Elle fit de grands détours avant de revenir au sujet qui m'intéressait.

— Devinez quelle taille avait Gigige quand elle est venue au monde ? Ah, vous ne pouvez pas imaginer : une louche, pas plus grande qu'une louche. Moi, je suis arrivée ici quand elle avait déjà trois ans. Si je n'avais pas su l'âge exact de mon élève, je n'aurais jamais cru qu'elle avait trois ans. Mon dieu, mais elle était plus petite qu'un bébé de six mois. Vous me croyez, camarade Baiyinbaolige ?

— Bien sûr, répondis-je vaguement.

— C'est vrai, Somia m'a raconté que lorsque l'enfant est né, elle n'avait même pas un *chi* de long, ses pieds étaient plus petits que votre pouce ! Et sa tête, mon dieu, plus petite qu'un chaton.

La jeune institutrice s'excitait. Elle haussait les sourcils et agitait la main avec force tout en débitant son flot de paroles. Je pris les deux seaux. Je l'écoutai, nerveux.

— Trop petite ! Elle avait à peine un mois… que toute la steppe de Bulegeng se déplaçait pour contempler ce phénomène extraordinaire. Les hommes comparaient ses pieds avec leurs pouces et les enfants sa tête avec leurs poings. Elle était si petite que l'on pouvait l'envelopper dans la peau d'une marmotte. Tout le monde s'accordait à dire qu'il fallait la jeter, qu'une enfant pareille ne vivrait jamais. Puis il y eut les autres, ceux qui, de mauvaise foi, pensaient que Somia avait mis au monde un monstre, et non un être humain. Cependant la grand-mère de Somia… mais, camarade Baiyinbaolige, vous n'avez tout de même pas oublié votre grand-mère ?

Elle me posa cette question sur le ton de la moquerie.

— Mais non, bredouillai-je avec tristesse.

— Votre grand-mère se mettait sur le seuil de la porte et disait à ces bergers qui venaient leur rendre visite : « Taisez-vous. Arrêtez vos sottises. C'est aussi une vie. Vous comprenez ce qu'est la vie ? J'ai vécu plus de soixante-dix ans, et je n'ai jamais abandonné aucune créature sur une plage déserte, que ce soit un chien, une vache, un mouton ou un chat... Jeter une vie, comment osez-vous parler ainsi ! Les agneaux que j'ai sauvés avec mon propre lait formeraient une longue farandole. Les petits poulains que j'ai élevés sont tous devenus des chevaux grands et forts. Ganga-Hala, vous le connaissez ? Sans doute pas ! Vous n'avez jamais eu la chance de monter un tel cheval. Mon dieu ! Jeter une enfant ! Jetez-la à une vache, elle saura en prendre soin, elle. Allez-vous-en, allez-vous-en tous. Ne touchez pas mon enfant avec vos mains sales. Revenez dans quelque temps et vous la verrez grandie, belle et épanouie comme une vraie petite fleur. »

Mademoiselle Ling, l'institutrice, parlait avec ferveur et joie. Sous le coup de l'excitation, ses joues s'empourprèrent. Nous arrivâmes au bord du lac. Elle s'assit, ses mains tâtèrent l'eau. Soudain, elle s'emporta et devint plus volubile :

— Vous aviez vraiment une grand-mère extraordinaire. Vous savez, depuis que j'ai entendu parler d'elle, chaque fois que je donne des leçons à la petite Gigige, j'ai l'impression d'avoir perdu beaucoup de ne pas l'avoir connue. Quelle femme merveilleuse !

Je n'écoutais plus rien, même si cette fille chinoise continuait à s'enthousiasmer devant la grandeur féminine qu'incarnait notre grand-mère. Dans le crépuscule, les eaux du lac, calmes et sombres, s'empourpraient sous les rayons du soleil qui s'inclinait vers l'ouest, saupoudrant de feuilles dorées sa surface lourde. Je plongeai le seau dans le lac et, dans les vagues qui ondulaient sans fin, apparurent les cheveux blancs de grand-mère. Quand je retirai les seaux remplis d'eau, les cheveux argentés se transformèrent en une paire d'yeux brillants, ceux de grand-mère. Je fermai mes paupières. Je voulus trouver un prétexte pour que cette jeune fille s'en allât tout de suite et plonger dans l'eau, me perdre au milieu des appels frissonnants de grand-mère qui jaillissaient tels de brefs éclairs pour épancher dans ses cheveux argentés et ses yeux si profonds mes douleurs, mes peines, mes sentiments indicibles et mes regrets.

Je ne voulus pas que l'institutrice m'aidât. Seul, je pris les deux seaux et marchai vers la maison aux murs d'argile jaune. Elle me suivit, sans un mot, comme si elle revivait les émotions éprouvées en racontant cette histoire passée. Peut-être que mon silence l'intriguait.

— Institutrice Ling, racontez-moi encore autre chose, dis-je avec regret. Vous savez, j'ai quitté la région depuis si longtemps et j'en sais en fait si peu de chose.

— Bien, je continue. Mais vous êtes vraiment bizarre. Vous n'avez aucune idée de la bonté et de la gentillesse de Somia. Si je dois passer ma vie dans cet endroit, dans la médiocrité et l'inaction, ma rencontre avec elle m'aura au moins appris quelque chose. Vous savez, jamais je ne pourrai oublier l'image de Somia, cette femme qui venait de mettre au monde une enfant chétive. Je la vois encore marcher avec lenteur sur le petit chemin, serrant dans ses bras le bébé en pleurs. Un jour, elle est venue me demander si je voulais bien prendre sa fillette comme élève dans ma classe. Sa question m'a beaucoup surprise. « Votre enfant a tout au plus trois ans, pourquoi voulez-vous déjà la mettre à l'école ? Elle est si petite. » Son visage reflétait son inquiétude ; elle a insisté : « Mais ma fille a déjà sept ans. Je vous en prie, acceptez-la. Je travaillerai pour vous comme femme de ménage. Je travaillerai pour vous tous les jours ; je puiserai de l'eau, je préparerai le thé, je ferai la cuisine. Je trairai vos vaches, et j'irai ramasser des bouses séchées dans la prairie. » Tout en parlant, elle a éclaté en sanglots. Son chagrin avait redoublé. Elle tirait sur mes vêtements et je l'ai sentie vraiment désespérée. « Pourquoi tant de tristesse ? » me suis-je alors demandé. Elle avait tant peiné pour élever son enfant.

L'institutrice baissa la tête et essuya ses yeux avec le coin de ses vêtements avant de reprendre :

— Alors j'ai pris Gigige dans mes bras, bien qu'elle n'ait vraiment pas eu l'air d'une enfant en âge d'aller à l'école. Elle était maigre, chétive, comme si elle venait juste d'apprendre à marcher. Mais Somia pleurait si fort que toute sa robe bleue en était mouillée. Ses cheveux étaient hirsutes et son visage défiguré par les larmes et la morve qui coulait de son nez. Alors j'ai pleuré aussi avec elle. Voici comme j'ai accepté de prendre l'enfant dans ma classe. Je l'ai mise au premier rang, juste en face de moi, pour l'observer à tout moment. Je me voulais attentive à elle à chaque instant. Somia restait souvent cachée dehors, sous la fenêtre, et écoutait. Les jours où il pleuvait, elle attendait dehors, sous la pluie, toute mouillée.

Nous arrivâmes devant la porte de la petite maison d'argile jaune. Elle n'interrompit pas son récit. Ce n'était plus moi qui la pressais de raconter mais elle qui se laissait aller. Elle était visiblement très émue de parler ainsi. Je m'aperçus que c'était une femme franche qui aimait bien exprimer ce qu'elle pensait, avec des mots très forts. Le contraire de moi qui refoulais tout, en silence. Son regard trahissait un doute, que je puisse comprendre cette Somia dont elle parlait. Elle avait peut-être raison. J'avais l'impression que sa Somia n'avait rien de commun avec la mienne, celle que je croyais si bien connaître. Tout ce qu'elle me racontait me semblait inimaginable. Je ne partageais pas non plus ses visions. Dans ma tête, je gardais le souvenir d'une jeune fille aux pommettes rouges qui contemplait, les yeux remplis d'émotion, les merveilleux nuages pourpres, symboles de bonheur… Somia. Comment peux-tu ressembler à cette femme qu'elle me décrit ? Toi, si douce, si pure.

Je poussai la porte et je vis une toute petite fille affairée.

— Gigige, s'exclama mademoiselle Ling, l'institutrice, avec joie. Dis bonjour à ton oncle. C'est l'oncle Baiyinbaoligе, tu sais, le frère de ta maman.

La petite fille s'arrêta de travailler et tourna vers moi ses yeux qui me fixèrent.

Visiblement, elle avait tout juste six ou sept ans. Elle portait une robe bleue comme toutes les fillettes chinoises et un pantalon de la même couleur. Ses pieds nus étaient chaussés de baskets jaunes dont la taille et le modèle ne lui convenaient absolument pas. Je remarquai qu'elle avait bien rangé sa petite chambre. Les robes et les vêtements étaient pliés sur le coin du lit en brique. Le sol était balayé. Dans le four, sous le lit en brique, les bouses tout sèches brûlaient en crépitant. Sur le lit, trois petits enfants, la tête rasée, entouraient une planchette et chacun essayait de mettre ses mains dans la pâte.

La fillette retira la farine collée sur ses mains. Elle me regardait avec timidité et tristesse. Dans son regard, je lus de l'étonnement, de la distance et de la réflexion. Je n'arrivais pas à deviner si cela signifiait sympathie ou méfiance. Je ne savais comment m'y prendre. Ce ne fut qu'après un long moment que je finis par ouvrir la bouche :

— Gigige, bonjour, je suis…

Les lèvres de la fillette bougeaient.

—… Bapa…

Un goût amer et âcre monta de mon gosier, et resta bloqué à la pointe de mon nez.

— Bapa, j'ai vu le cheval noir devant la porte.

La fillette parlait avec crainte.

— Maman m'a toujours dit que mon Bapa allait un jour venir nous voir sur un cheval noir.

VI

Je demandai des nouvelles à un berger qui s'occupait des veaux,
Il me répondit qu'elle était allée chercher des bouses de vache.

A l'extérieur, des bruits de sabots de chevaux retentissaient, accompagnés d'un cri lourd de voix basse. L'institutrice sourit :

— Regardez, c'est Dawachang qui rentre, hé...

Elle l'appela.

— Hé, patron de la charrette, vous avez de la visite. Le frère de Somia est arrivé.

— Quel beau cheval noir ! s'exclama le charretier.

Sur ce, l'homme d'une quarantaine d'années poussa la porte et entra dans la maison.

L'institutrice fit les présentations et s'apprêtait à partir.

— Je m'en vais, camarade Baiyinbaolige... Votre sœur ne sera de retour que demain. Elle est allée chercher du charbon à la commune. Si vous n'avez rien à faire demain, venez à l'école. Vous pourrez nous parler de ce qui se passe à la ville.

Elle s'en alla.

L'homme, grand et fort, me donna une claque sur l'épaule.

— Assieds-toi. Monte sur le lit en brique. Eh ! vous là-bas…

Il cria en direction des gamins.

— Fichez-moi le camp ! Laissez la place à *Naheqi*[1]. Quel bordel vous avez mis, sales garnements !

Tout en criant, il poussa d'un geste deux des enfants qui se trouvaient juste au bord du lit et qui tombèrent par terre avec fracas. Inquiet, je tendis les mains pour les aider. Mais visiblement, ils étaient habitués à ce genre de traitement car ils glissèrent par terre et se relevèrent aussitôt en criant :

— Allons jouer avec le cheval, allons jouer avec le cheval.

Ils claquèrent la porte et se mirent à courir dehors. Le plus petit resté sur le lit fondit en larmes ; à quatre pattes ou en rampant, peu importe comment, il voulait suivre ses frères pour jouer avec eux. L'homme l'attrapa par son pantalon fendu[2] puis par les pieds, et le prit dans ses bras.

— Mon trésor, ne pars pas. Ne suis pas ces voyous partout. Reste-là, mon petit chouchou. Voilà…

Brutalement, il imposa sa grande bouche sur le derrière en l'air de l'enfant. Sa paume, d'un

1. *Naheqi*, oncle (N.d.A.).

2. Les enfants chinois et mongols portent, jusqu'à un certain âge, des pantalons fendus pour faciliter leurs besoins naturels (N.d.T.).

geste rapide, nettoya le visage morveux du gamin avant de l'essuyer sur le bord du lit.

— Monte sur le lit, frère Baiyinbaolige. Hé, Gigige, qu'est-ce que tu attends pour préparer la cuisine !

— Vous n'avez que ces quatre enfants ? demandai-je pour dire quelque chose.

— Que quatre ? Vous ne savez pas que l'hôpital de la commune est en train de châtrer toutes les femmes ? Quels imbéciles tous ces dirigeants ! Somia, ta sœur, l'année dernière, n'a pas pu leur échapper. Quoi, Gigige, tu veux que je te casse la gueule, qu'est-ce que tu fous à rester là à attendre ?

Il se mit soudain en colère et gronda la fillette avec férocité.

— J'ai déjà préparé les nouilles, dit-elle à voix basse.

Elle s'appuya contre le lit, et semblait si faible et si petite.

— Alors sors le cheval pour *Naheqi* ! Trouve une corde derrière la maison, attache-le avec le mien, celui aux poils jaunes, et conduis-les paître dans la prairie. Voyons, secoue-toi, tu veux que les chevaux meurent de faim ou quoi ?

Il bomba le torse, postillonna sur le garçonnet et sur moi-même.

— Je vais m'en occuper moi-même, dis-je en bondissant du lit. Mon cheval n'est pas très facile à conduire.

— Alors montre le chemin à *Naheqi*. Prends aussi ma louche en toile. Si le cheval noir ne veut pas boire l'eau du lac, tu le conduiras au puits.

Il continuait de hurler, tout en gardant les jambes pliées l'une sur l'autre, l'air triomphant d'un véritable chef.

— Eh, frère Baiyinbaolige, vas-y vite et reviens tout de suite. Je t'attends pour boire un bon coup ensemble ce soir.

Il ne faisait pas encore très sombre dehors. Avec Gigige, nous marchions en silence vers le lac. Elle se taisait et n'ouvrit pas la bouche. Mais, chaque fois que je tournais les yeux vers elle, elle échangeait un rapide coup d'œil avec moi et lorgnait de temps en temps Ganga-Hala que je conduisais. Prudemment, j'ouvris la bouche pour lui demander :

— Gigige, ta mère t'a parlé de ce cheval ?

— Oui, elle m'en a déjà parlé.

Nous continuâmes notre chemin pendant un long moment sans échanger un mot. Cette fois-ci, ce fut elle qui rompit le silence :

— Bapa, ce cheval s'appelle vraiment Ganga-Hala ?

— Bien sûr.

Elle se retourna, et appela d'une voix douce mon beau cheval noir par son nom :

— Ganga-Hala, Ganga-Hala.

L'animal dressa brusquement la tête, et s'ébroua bruyamment. La fillette éclata de rire avec joie.

— Qu'est-ce que c'est bon ! s'exclama-t-elle.

Emu, je m'accroupis et je la pris dans mes

bras. Elle était toute légère, comme une plume. Je la soulevai et la mis sur le dos de l'animal. Comme ça, elle avait la même taille que la mienne. Je soutins son épaule fragile et l'observai attentivement.

Je ne trouvais pas de trace de la jeune fille dont j'avais gardé le souvenir dans ma mémoire. Elle ne ressemblait pas du tout à sa mère. Somia n'était pas aussi maigre. Elle n'avait pas non plus les yeux aussi mélancoliques. Et elle n'avait pas les pommettes rouges de Somia et son air doux. Mais je la trouvais plutôt jolie. Dans la pénombre, elle resta silencieuse, assise sur le cheval, caressant de ses deux mains sa longue crinière qui tombait sur son dos. Son petit corps paraissait mince et fragile. Je voulus porter mon regard sur ses cheveux. Mais j'éprouvai soudain un sentiment de honte. Alors je serrai fort la louche et, tenant les brides, je me dirigeai vers le lac.

Ganga-Hala plongea la tête dans l'eau pour se désaltérer. Le mouvement de ses lèvres déclencha des ondes successives à la surface du lac. De larges courbes brillantes se dessinèrent sur les eaux noires et en se resserrant roulèrent vers les monts abrupts en face du lac avant de s'estomper dans la pénombre en une forme vague.

Gigige restait accroupie aux pieds du cheval. Elle nettoyait les grosses saletés collées sur ses petites mains. Elle n'avait que neuf ans, et pourtant travaillait déjà pour la famille comme une vraie petite femme. Je l'observai, pensif. Ganga-Hala avait assez bu, il tourna la tête et la regarda avec curiosité. Ravie, Gigige tendit ses mains pour caresser les lèvres moustachues de l'animal.

— Tu t'amuses bien à l'école ? Tu travailles bien aussi, Gigige ? lui demandai-je en m'approchant d'elle.

— Hier, j'ai raté mon devoir de calcul, l'institutrice, mademoiselle Ling m'a mis deux.

— C'était très difficile ?

— Non. (Elle leva la tête et me regarda.) Simplement, je pensais à maman qui dès l'aube est partie chercher du charbon dans les montagnes Hailajin. L'année dernière, elle était allée là-bas pendant les vacances d'été. Je l'avais accompagnée. C'est très très loin, je le sais.

— Tu ne dois pas penser à ta maman, Gigige, mais à bien travailler.

— Je sais, dit la fillette. L'année dernière, en revenant, une des roues de la charrette s'est cassée. Maman m'a prise dans ses bras et nous sommes restées accroupies toute la nuit dans le noir à attendre. Et si ça arrivait aussi cette année. Voilà à quoi je pensais pendant mon devoir de calcul, voilà pourquoi je me suis trompée. Cette année, elle est seule pour conduire quatre voitures.

La fillette se replongea dans le silence et moi je ne dis plus rien. Nous reconduisîmes le cheval vers la maison. Au bout d'un moment, n'y tenant plus, je lui demandai :

— Gigige, ton père est-il gentil avec ta mère ? Je veux dire, c'est si loin là où elle va, pourquoi n'est-ce pas lui qui transporte ce charbon ?

— Non, c'est l'affaire de maman. Elle travaille pour l'école, c'est elle qui doit le transporter, traire les vaches, puiser l'eau. Ainsi l'école nous donne chaque année un peu d'argent.

La nuit tomba. Gigige me rendit la bride de Ganga-Hala. Elle partit en courant dans le noir. Peu de temps après, je l'entendis appeler et je la vis conduire un grand cheval dont je n'arrivais pas à distinguer la couleur. Elle passa sur la bride de l'animal une corde dont elle me tendit une extrémité.

— Maintenant emmène Ganga-Hala paître. Moi, je rentre pour préparer les nouilles.

Je pris la corde et touchai ses menottes. Elles étaient glacées.

L'enfant me laissa prendre ses mains.

— Bapa, demain, je t'emmènerai voir les vaches dont maman s'occupe. Elles sont très jolies.

Puis, elle effleura craintivement le dos de ma main.

Dawachang avait déjà retiré sa chemise, dévoilant une poitrine noire de poils et bombée de muscles. Le petit gosse s'agitait dans ses bras et mordillait ses tétons durcis. Les deux autres se débattaient et se chamaillaient pour une bêtise quelconque.

— Frère Baiyinbaolige, me dit-il avec bonne humeur. Monte vite sur le lit en brique. Buvons un bol d'alcool et nous mangerons ensuite. Gigige, mets les nouilles dans la marmite.

Nous commençâmes à boire face à face. Les deux gamins se querellaient pour grimper auprès de nous. Ils arrachèrent nos verres de nos mains et renversèrent l'alcool en piaillant. Cet après-midi, la petite maison que j'avais trouvée triste et froide s'animait et s'emplissait maintenant des effluves de soupe et des vapeurs d'alcool qui piquaient le nez des enfants qui ne cessaient de pousser des cris.

Je me souvins d'un poème que j'avais lu je ne sais plus quand ni où. Il décrivait avec émotion un chaleureux dîner familial autour d'un feu rougeoyant. A cet instant, en partageant ce bol d'alcool avec cet homme aux larges épaules, je ressentis l'atmosphère qui se dégageait de ces vers. Dawachang buvait à pleine gorge, parlait, et, de temps à autre, repoussait les enfants qui jouaient sur le lit. Le mur d'herbes séchées aspirait la chaleur du four et la renvoyait vers cette existence à l'intérieur de la petite maison d'argile. Les cris des enfants heurtaient mes oreilles tout en les grisant. Le charretier s'étendit sur le lit en se mettant à l'aise et me parla de la pluie et du beau temps, des coutumes et de la supériorité de la prairie. Je m'aperçus que, malgré sa vulgarité, il ne manquait ni de générosité ni de franchise. Sans aucun doute, il était le pilier de la maison et son maître incontestable. Je pouvais même imaginer que, malgré la vie dure que Somia menait ici, elle ne devait la trouver ni insurmontable ni insupportable. Si elle avait été là, maintenant dans la chambre avec nous, accroupie sur le lit autour du feu, elle se serait laissée bercer par le bien-être qui y régnait. La chaleur humaine incontestablement pouvait réchauffer n'importe quel coin délaissé dans ce monde. Ceux que la vie abandonnait vraiment n'étaient rien d'autre que des hommes comme moi, qui refusaient de se satisfaire de leur sort. Sans doute était-ce là ma tragédie…

Pourtant Gigige ne participait pas à cette atmosphère chaleureuse. Toute la soirée, elle resta sur les harnais pliés dans un coin de la pièce, ses mains froissant un vieux manuel déjà usé. Dès que je l'observais, elle fuyait mon regard. Toute la soirée, je discutai à bâtons rompus avec Dawachang, mais je n'arrivai pas à percevoir ce que les yeux de la fillette voulaient me dire. Ses regards traversaient mes vêtements, ma peau même et me brûlaient le cœur.

Une nuit épaisse recouvrait la steppe. A travers les vitres encastrées dans le châssis de la fenêtre, je regardai le ciel bleu nuit et les vagues du lac grisâtre. En un rien de temps, les trois petits garnements s'étaient endormis, l'un prenant l'autre comme oreiller. Dawachang rota fort, et tira les jambes et les bras des enfants pour les aligner correctement. Enfin, il jeta un manteau en peau sur la petite Gigige tout en laissant échapper une injure sourde : « Où couche ce soir cette diable d'épouse ? Personne pour couvrir les gamins !…» Ses dents grinçaient de colère. Nos regards se croisèrent rapidement. Il se tut aussitôt. Mais j'avais déjà perçu quelque chose.

Ce silence gênant ne dura que quelques secondes. Sous l'emprise de l'alcool sans doute, je le saisis par l'épaule.

— J'ai l'impression que je te dégoûte, hasardai-je.

Le charretier soufflait fort. Il réfléchit, reprit un bol d'alcool et après une hésitation déclara :

— Frère, ce que je vais dire n'est pas très agréable à entendre. Pour être franc, nous avions oublié jusqu'à ton existence. Nous n'imaginions pas que tu reviendrais nous voir. J'ai toujours pensé que les citadins n'ont pas de cœur. Même à la mort de leur mère, ils ne bougent pas leur cul.

Je baissai la tête, mort de honte.

Dawachang me passa un bol d'alcool en signe de réconciliation, et m'expliqua avec indulgence :

— Aujourd'hui, je comprends que je me suis trompé. Tu as pris ton cheval, tu as escaladé les montagnes, traversé les rivières pour nous retrouver jusqu'ici à Baiyinoula ! Allons, buvons.

Je regardai l'alcool amer et le vidai jusqu'à la lie. Que pouvais-je ajouter de plus ?

Nous étions appuyés l'un contre l'autre sous la couverture et nous sirotions l'alcool sans échanger un mot. Le charretier rompit le silence le premier et comme s'il se parlait à lui-même déclara :

— Frère, honnêtement je pense que tu aurais dû être là à ce moment-là… Tu ne peux pas tout rejeter sur elle seule ! Dix ans ont passé depuis ; dix ans déjà…

Je me mis debout et lui versai lentement de l'alcool dans son bol.

— Une nuit, je conduisais une charrette vide sous la lune. Comme j'avais trop sommeil, je me suis endormi. Mais tout d'un coup, je ne sais comment, je me suis réveillé. J'entendais comme les pleurs d'une femme. A dire vrai, je tremblais de peur. Peut-être était-ce le diable qui me commandait. J'ai hélé mon cheval et je suis parti en direction des pleurs. Je me suis approché et devine ce que j'ai découvert ? Une femme, qui gardait une petite charrette vide à la roue cassée. Elle sanglotait si fort. Je suis descendu et j'ai compris qu'elle faisait ses adieux à sa grand-mère défunte ! Dans la nuit, sur ce chemin en mauvais état, sa charrette abîmée, sa profonde tristesse aussi, elle s'est alors mise à pleurer. En plus, elle portait serré dans ses bras un bébé. L'enfant était comme un chaton écorché et sa petite taille, presque anormale, faisait peur. De la voir secouée de chagrin, moi aussi j'en ai eu le cœur triste. « Ne pleure plus, lui ai-je dit, fais comme si ton Egi m'avait pour fils aussi. Comme si c'était lui qui venait lui rendre visite pour le dernier adieu. » Voilà comment j'ai pris le cadavre enveloppé dans la couverture en feutre, voilà comment j'ai détaché sa charrette pour la charger sur la mienne. J'ai alors déversé le corps de la grand-mère dans la fosse que tu connais peut-être. J'ai ensuite ramené la mère et l'enfant jusqu'à leur yourte en lui demandant ce qu'elle allait faire. Mais elle ne savait pas. Rentré chez moi, je pensais toujours à elle et au bébé. Plus je pensais à elle, plus je la trouvais pitoyable. Alors j'ai décidé de reconduire sa charrette chez elle, et en chemin de demander un permis de mariage. Je suis enfin arrivé chez elle, au bord du Bulegeng.

Il se leva et descendit du lit pour couvrir Gigige endormie, qui se recroquevillait au pied du lit. Il remonta et se coucha auprès de moi.

— Ensuite, je lui ai posé des questions. Je lui ai demandé si elle avait un homme dans sa famille pour l'aider. Enterrer un mort, c'est tout de même le travail d'un homme. Elle m'a expliqué qu'elle avait un frère mais qu'il était parti à la ville pour étudier à l'université. Frère, c'est à ce moment-là que j'ai appris ton existence. Je lui ai demandé s'il était vraiment indispensable qu'elle aille seule avec ce bébé chétif, dans ses bras, enterrer sa grand-mère ? « La steppe est grande, les hommes pour t'aider ne manquent pas. » Elle m'avait expliqué qu'elle ne voulait de l'aide de personne. Quelle sotte de faire ça toute seule !

Le lendemain matin, il faisait un temps superbe. Dawachang se leva tôt, et attela les quatre chevaux à la charrette. Il s'agita un bon moment dans la chambre, ne trouvant certainement pas ce qu'il voulait comme céréales séchées. En proférant des injures, il prit une calebasse d'alcool dans ses bras et sortit.

Il ramassa la cravache par terre et frappa sur mon épaule :

— Frère, il fait beau, je vais livrer des marchandises. Si tu as faim, demande à ce petit chaton de Gigige de te faire du thé. Je rencontrerai certainement ta sœur à mi-chemin, elle doit rentrer avant la tombée de la nuit. Je lui dirai de pousser les bœufs de l'école qui courent plus lentement que des porcs. Elle n'est qu'une travailleuse à mi-temps et…

Il se souvint de quelque chose.

— Tu peux rester quelques jours ici. Je ne serai de retour que dans trois ou quatre jours. A ce moment-là, nous boirons encore un grand coup. Tu sais boire, c'est très bien.

Il appela les chevaux et s'éloigna en suivant un petit sentier qui serpentait le long du lac vers la montagne. Il avait une façon féroce de conduire la charrette. La cravache sifflait et les roues soulevaient la poussière jaune. Il cambrait la poitrine, criait et grondait. « Ça c'est un homme ! » pensai-je en mon for intérieur. Un sentiment de solitude m'envahit.

Pendant la récréation, Gigige m'amena voir les vaches de l'école. C'était des hollandaises comme j'en avais vu à l'université. Les bêtes à la peau marbrée noire et blanche marchaient tranquillement, d'un pas sûr dans la cour avant de lézarder au soleil. J'entrai dans cette cour qui ressemblait à une mare noire et sale où les bouses bruissaient sous mes pieds. Je m'attardai un moment là. Oui, Somia restait chaque jour ici, dans la boue, à traire les vaches... Gigige m'amena dans l'arrière-cour pour me montrer la cantine de l'école. Des combustibles de bouses jaunes et du charbon noir et brillant pour l'hiver s'y amoncelaient en petits tas. Quand la fillette me conduisit vers le lac, la sonnerie retentit. Gigige me montra une grande dalle de pierre au bord de l'eau avant de rejoindre à la hâte sa classe.

Je marchai jusqu'au lac, et m'assis sur la dalle de pierre verte. En hiver, lorsque les glaces bloquaient les eaux, c'était ici que Somia s'accroupissait pour les casser et puisait l'eau avec ses seaux qu'elle transportait ensuite à l'école.

J'avais trouvé toutes les traces qu'elle avait laissées sur cette terre. J'avais entrevu sa vie et ses travaux. Ce que j'avais vu et entendu, jour et nuit depuis mon arrivée ici, me remplissait d'impressions pêle-mêle qui m'assaillaient sans répit. Mais je n'arrivais toujours pas, bien qu'elles fussent réelles, à les accepter et à y croire. La seule impression que je gardais, c'était celle d'une jeune fille, belle ; dans ses yeux sautillaient les brindilles des feux de l'espoir, face au soleil levant. J'enfouis ma tête dans les herbes de la rive, triste, je fermai les yeux. Je fis tous les efforts du monde pour ne pas penser au passé. Peu à peu, je m'endormis.

Bien longtemps après, lorsque je relevai la tête, le soleil s'inclinait déjà vers l'ouest. Je vis

Ganga-Hala, à côté de moi, plongé dans l'eau du lac. Son pelage noir mouillé luisait comme du charbon pur. Le versant exposé au soleil brillait comme de la laque.

Droit, Ganga-Hala restait immobile dans cette eau qui ondulait. La tête haute, ses deux oreilles pointées comme des flèches se dressaient, attentives à quelque chose d'imminent.

Je me levai précipitamment et regardai de l'autre côté. Une chaîne de quatre points noirs bougeait sur le flanc de la montagne, le long d'un sentier qui montait comme une fumée, vers le haut des montagnes vertes et grises, au-dessus des brumes du lac. C'étaient quatre charrettes tirées par des bœufs, qui se suivaient de près. Elles descendaient, en zigzaguant, vers nous.

VII

Je parcours du regard la vaste prairie
C'est son profil qui se détache sur la montagne couverte d'armoises

Ah, si nous savions un peu plus tôt le vrai sens de la vie ! S'il suffisait de lire un livre, pour connaître toutes les sagesses et éviter tous les voyages à contre-courant, où nous titubons à chaque pas, pour éviter tous les fruits amers et âcres que nous devons goûter à petites gorgées, nous apprendrions peut-être à saisir le bonheur à temps sans le laisser filer. Pourtant, il est difficile même d'exaucer nos désirs les plus infimes, nos vœux les plus simples. C'est sans doute pour cela que les hommes soupirent et se lamentent sur leur vie. Nous grandissons, nous devenons sûrs de nous, plus forts, mais nos sentiments et nos regrets s'accumulent, et nous apprenons enfin à soupirer. Le jour où nous nous croyons mûrs et clairvoyants, le passé et les regrets sont déjà irrémédiables. Nous regardons les plus jeunes, nous observons leur courage, leurs illusions et leurs passions, et nous avons un regard un peu plus profond. Dans la brise, dans la foule, nous marchons avec sérénité en accélérant un peu nos pas.

Quand je rencontrai Somia, je sentis tout ce que je viens de décrire.

Quand nous nous retrouvâmes, rien de vraiment dramatique n'arriva. Somia tira avec force la corde qui traversait le nez des bœufs. Elle marcha vers moi à grands pas. Souriante, elle m'appela :

— Hé, Baiyinbaolige, j'ai appris par Dawachang que tu étais de retour. Comment vas-tu ? Pas trop fatigué par le voyage ? Ton travail va bien ? Tu es toujours le même !

Ho, hisse, elle tirait la corde des bœufs avec force.

Elle conduisait le premier bœuf, à la peau rouge et fleurie. Elle avançait en même temps que moi. Elle n'avait pas fondu en larmes, elle ne s'était pas jetée dans mes bras, elle ne m'avait même pas appelé Bapa. Elle n'avait rien exprimé de nostalgique par rapport au passé, de plaintes par rapport à cette vie si dure et si misérable qu'elle menait. Lorsque je pris une pelle pour l'aider à décharger les quatre charrettes de charbon derrière la grande cantine de l'école, elle ne manifesta toujours rien de particulier et parla comme si de rien n'était.

Elle avait changé. Sans ce visage familier, ses épaules toujours maigres et ses yeux si noirs, je ne l'aurais peut-être pas reconnue. Nous nous étions séparés depuis neuf ans. De son corps, je ne sentais plus cette odeur qui m'était toujours restée dans mon souvenir. Cette douceur parfumée gravée en moi, depuis les jours où, montée sur le dos d'un bœuf, elle s'appuyait contre mes épaules. Elle était devenue beaucoup plus forte qu'avant. Son visage était plus anguleux, sa voix plus rauque quand elle parlait. Elle avait l'intonation des femmes et des vieilles qui soufflent et qui traînent sur les derniers mots de chaque phrase. Elle portait une robe en coton bleu. Le coude était rapiécé, le plastron maculé de traces de charbon et de taches d'huile. Elle prenait de grands blocs de charbon sans le moindre effort, et les collait contre sa poitrine pour les déplacer. Je m'aperçus que ses doigts étaient rouges et rugueux. Quand je la poussais et me servais de la fourche pour traiter les gros blocs, elle semblait ne pas s'être aperçue de mes sentiments, et continuait imperturbable son travail, à un rythme régulier. Elle bavardait avec le cuisinier qui nous avait rejoints pour nous aider. Elle lui raconta ce qu'elle avait vu sur la route, le temps qu'il avait fait. Elle était calme et naturelle. Mais j'étais convaincu que ce n'était qu'une façade qu'elle me montrait. Car moi aussi, à cet instant précis, je devais lui paraître serein, mesuré. La vie nous avait dotés d'un même talent, à savoir nous cacher derrière une carapace. Nous besognions côte à côte. Nous déchargions le charbon avec ferveur dans un vacarme assourdissant. Nous pensions sûrement aux mêmes choses, au même passé, qui soulevaient des vagues dans nos cœurs.

L'après-midi, le petit bourg de Nogaichoer était baigné d'une lumière splendide. Les enfants, après les classes, tournaient autour de Somia comme des oiseaux qui voltigeaient et qui gazouillaient. Les instituteurs en repos, les travailleurs de la fabrique de lait condensé et les vieillards oisifs qui clopin-clopant traînaient autour de l'école s'approchaient de ce tas de charbon qui s'amoncelait pour discuter de sa qualité. Je m'aperçus que Somia connaissait tout le monde ici. Chaque fois, les gens l'appelaient, lui souriaient, échangeaient quelques mots avec elle.

Après avoir déchargé, elle me conduisit chez elle. Nous discutâmes, gardant toujours une certaine distance entre nous. Quand nous contournâmes la petite colline devant l'école et que nous longeâmes le sentier le long du lac en direction de la petite maison d'argile qui ressemblait à une grotte, nous entendîmes un hennissement long et pressé. Traînant les harnais derrière lui, Ganga-Hala courait vers nous en gambadant. Quand le cheval s'arrêta devant nous et que, sans aucune manière, il tendit sa nuque à Somia, je compris tout ce que cet animal magique possédait comme qualités. Je regardai Ganga-Hala avec surprise. Il enfouit sa grande tête dans les bras de Somia et s'y frotta. Ses deux oreilles toujours pointées, troublé, il écarquilla ses yeux couleur d'ambre. En silence, il exprima ses émotions.

Les mains de Somia tachées de poudre de charbon caressèrent la tête du beau cheval noir, longuement, très longuement. Je m'aperçus que ses yeux étaient remplis de larmes, ses épaules tremblaient. Mais elle me tournait toujours le dos, sans dire un mot.

Elle rangea la maison avec rapidité. Elle ouvrit grande la fenêtre, alluma le feu, lava tous les ustensiles de cuisine et nettoya les saletés sur les visages des trois garçons l'un après l'autre. A ses ordres, Gigige se démenait comme une girouette.

La chaleur humaine s'installa à nouveau dans la petite maison. Mais le désordre avait disparu. Elle prépara une grande théière d'un breuvage épais et fort qu'elle posa sur les braises à côté du four. Elle sortit une grande boîte de beurre et un sachet de sucre en poudre noir pour confectionner de nombreuses petites galettes en farine qu'elle plaça devant moi. L'huile crépitait sur les galettes sucrées et parfumées.

La commune de Baiyinoula, de l'autre côté de la montagne, n'avait pas encore envoyé les moteurs Diesel pour produire de l'électricité. Lorsque la nuit tomba, la maison fut plongée dans l'obscurité. Somia alluma une lampe à huile. Une nouvelle soirée commença. Une nuit que j'appréhendais tant et que pourtant j'attendais. Les bouses de vache donnaient au feu une couleur orangée dans l'âtre. Cette teinte chaude et vivante faisait oublier l'aspect sombre et gris de tout à l'heure. Les brindilles de feu qui sautillaient, qui s'agitaient firent naître les angoisses réprimées, les émotions enfouies qui, telles des bouffées d'air, au rythme saccadé et silencieux, tourbillonnaient et s'amplifiaient dans la maisonnette.

Les petites galettes étaient sucrées et parfumées. J'en avais beaucoup mangé. Je songeai subitement que j'avais oublié de boire mon thé à midi, car je m'étais endormi au bord du lac.

Les enfants se chamaillaient sur le lit en se disputant les oreillers et les couvertures.

Somia demanda à Gigige de me préparer une couverture. La fillette entra dans la petite pièce voisine et réapparut tout de suite, une couverture de feutre blanc à la main. Elle l'étala contre le mur pour nettoyer d'un geste leste les herbes accrochées dessus. Pour finir, elle ajouta une autre robe sur le feutre puis descendit du lit de brique bien chaud pour se mettre sur le côté et regarder sa mère en silence. Elle tourna ensuite son regard vers moi. Pour je ne sais quelle raison, je l'attirai contre moi et lui caressai les cheveux. Ensuite, je me couchai. D'un seul souffle, Somia éteignit le feu.

Dans le noir, j'écarquillais les yeux et écoutais avec attention chaque petit bruit qui m'arrivait des enfants de l'autre bout du lit. Pendant longtemps, je n'arrivai pas à savoir si Somia dormait déjà. Je regardais vaguement le plafond tout noir dont je n'arrivais pas non plus à percevoir les poutres. Un des garçons, le cadet, le préféré du charretier, se mit soudain à pleurer. Alors j'entendis Somia se pencher pour le consoler. Je retins mon souffle pour écouter sa voix douce et basse, cet agréable murmure qui ne pouvait être compris qu'entre les enfants et leur mère, qu'on ne pouvait entendre que dans une yourte. Rien qu'à son intonation, on ressentait le souffle si particulier d'une femme mûre... C'était ainsi que, sous le même toit, sur le même lit en brique, je dormais avec la fille d'antan, ma Shana à moi. Nous nous efforcions chacun de ne pas faire trop de bruit. Nous étions si éloignés l'un de l'autre, comme deux étrangers qui se croisent sur un chemin. Adieu, mon Oiseau de la steppe ! Ma Fille au Manteau de l'Aube ! Aux yeux si noirs ! Je t'ai perdue pour toujours…

Il n'y avait plus de lune. Des nuages noirs devaient avoir couvert le ciel. Même à l'endroit de la fenêtre, c'était d'une obscurité absolue. Il n'y avait que la faible lueur rouge qui restait dans l'âtre, consumant les restes de bouses dans un agréable crépitement. Un bruit léger régnait dans la petite maison : tous les enfants dormaient d'une même respiration régulière.

C'était à ce moment-là que j'entendis un long soupir de Somia qu'elle avait étouffé exprès. Une sorte de geignement, qui, tressaillant, sortit de sa bouche en traînant.

Je m'assis d'un bond, comme si j'avais entendu un cri d'appel. Je préférais mourir que rester à souffrir dans ce silence si pesant. Je soufflai, et m'écriai dans le noir vers l'autre bout du lit :

— Somia ! Shana, tu… tu vas tout de même dire quelque chose !

Je fermai les yeux aussitôt et mordis mes lèvres très fort.

Longtemps après, Somia ouvrit la bouche. Tout bas, elle dit :

— Grand-mère est morte.

De nouveau le silence. Je compris que c'était à mon tour de me justifier face à cette question où pointait le ton du reproche.

Je commençai avec difficulté. Depuis le jour où j'avais enfourché Ganga-Hala et entrepris ce voyage, cette question m'avait plus d'une fois déchiré le cœur. Depuis neuf ans, que ce fût à l'Institut ou au bureau, avec mes collègues ou mes amis, je n'avais pas pensé qu'il existât, loin, sur cette steppe peu fréquentée, un tribunal aussi sévère, qui attendait le moment de juger mon âme. Somia avait déclenché ce jugement qui serait le dernier. Je parlai avec beaucoup de difficulté. Je parlai de la vallée oubliée. Je parlai de ces os oubliés par tout le monde, de l'enterrement céleste. Je lui racontai comment je m'étais retrouvé là-bas, agenouillé, demandant pardon à l'âme de grand-mère. Je lui parlai aussi des réprimandes du grand charretier Dawachang. Des larmes coulèrent de mes yeux. C'était la première fois que je pleurais. Cela ne m'était encore jamais arrivé. J'avais même pensé que c'était un handicap pour moi. J'aimais tout supporter, en serrant fort les dents, en fronçant les yeux. J'avalais ainsi toutes les peines humaines qui me secouaient. Alors tout le monde pensait que j'étais un homme dur, cruel et sans humanité…

Je mordis les manches de mon vêtement, de peur de réveiller les enfants plongés dans le grand sommeil. Mais je ne pouvais contenir ma peine. Je ne pouvais plus continuer. Je pleurais comme un lâche.

— Ne pleure pas, Baiyinbaolige…

D'une voix basse, Somia s'adressa à moi.

— Penses-tu que les vieux soient immortels ?

Mais je ne pouvais maîtriser mon chagrin. Je ne savais plus si c'était pour grand-mère ou sur moi-même que je pleurais. Je me souvins de mon mépris pour elle, lorsque j'avais jeté le poignard par terre le jour où, mes mains sur mon ventre endolori des coups de poing d'Hila, j'étais rentré à la yourte en titubant. Je me souvins de la sensation que j'avais éprouvée, lorsque je m'étais trouvé seul à côté de l'endroit où elle avait été enterrée, et la douceur que j'avais ressentie lorsque j'avais couvert le corps de Somia avec ma chouba dans ce camion qui m'emportait vers la ville. Je me souvins de cette aube inoubliable, de mon beau cheval noir, de cet ignoble Hila, de cette séparation terrible et douloureuse. Je revoyais le bébé pas plus long qu'une louche, aussi gros qu'un chaton écorché. Je me souvins de l'institutrice, du charretier, et des vagues claires de Nogaichoer. Je pensai à ce nœud inextricable qui se formait. Je me souvins de ces années brisées que ma mémoire ne pouvait plus recoller, ces années pendant lesquelles je sortais de l'enfance et devenais un homme. Je me souvins du jour où mon père m'avait confié à la vieille grand-mère si sympathique. Submergé d'une tristesse insurmontable, j'enfouis ma tête dans mes mains. Grand-mère ! Je voulais ramener à la vie cette vieille à jamais disparue ! Je me mis à sangloter violemment.

Somia descendit du lit doucement. Elle ajouta des morceaux de bouses dans l'âtre et me porta un bol de thé.

Elle s'assit au bord du lit en me regardant boire. Après, je me sentis mieux, et je me calmai.

Le feu sautillait dans le foyer, les flammes rouges et noires faisaient vaciller l'ombre de Somia sur le mur en argile. Sans bruit, le temps coulait.

— Somia.

Je l'appelai avec prudence.

— Oui.

Elle semblait plongée dans une méditation lointaine.

— Tu travailles pour l'école à mi-temps. Ce n'est pas trop fatigant ?

— Non, ça va. De toute façon, je dois travailler, je n'ai pas le choix si je veux gagner cinquante yuans par mois.

— Hier, mademoiselle Ling, l'institutrice, m'a longuement parlé de toi. Elle t'aime beaucoup.

Somia souriait clairement.

— Elle est gentille, dit-elle.

— Dawachang a beaucoup bu hier soir avec moi. Il est aussi très gentil, ajoutai-je.

Somia ne répondit pas. Puis elle demanda de sa voix douce :

— Baiyinbaolige, te souviens-tu encore du Bulegeng, cette rivière…

— Et comment ! Le fleuve Bulegeng de notre pays natal…

— Oui. (Sa voix était si faible que je l'entendais à peine.) Tu te souviens encore de la chanson de grand-mère : *Bulegeng, Bulegeng, les filles passent le fleuve, et fini le pays natal, fini les parents…*? Grand-mère disait qu'elle ne voulait pas que je traverse le fleuve et devienne une femme d'ailleurs. Mais, tu vois, je ne l'ai pas satisfaite. Tu sais, le jour où je suis partie assise sur la charrette de Dawachang, notre vieille yourte était si délabrée qu'elle n'avait rien d'un foyer. Il ne restait plus qu'une couche de crottes de mouton, grises et vertes. Nous avions défait la yourte et l'avions chargée sur la charrette. Et Ganga-Hala… Après ton départ, je l'ai vendu à la commune. Ce jour-là, le vent soufflait très fort. Le cheval de Dawachang nous a conduits à travers les roseaux du Bulegeng qui bruissaient, ballottés sous le vent. Ensuite, nous sommes passés devant la rive nitrée, à l'endroit où, une fois, nous nous étions arrêtés tous les trois, pour nous reposer. A ce moment-là, je me suis souvenue soudain de ce qu'avait dit grand-mère, je me suis rappelé l'histoire qu'elle nous avait racontée et la chanson qu'elle nous avait fredonnée. J'ai alors pleuré. C'est vrai, me suis-je dit, je n'ai pas échappé au destin d'une femme mongole. J'ai traversé le petit fleuve du Bulegeng et je suis devenue la *Bulegeng* de Baiyinoula.

Somia termina enfin. Je l'écoutai, sans rien dire. Je regardai, à travers la fenêtre, les nuages qui s'étaient dissipés. Sous le ciel qui brillait légèrement, quelques petites étoiles scintillaient.

Je tournai la tête et vis le profil de Somia. Je m'aperçus que sur sa joue brillaient aussi des larmes. Je voulus tendre la main pour les lui essuyer, mais je n'osai pas.

Somia reprit alors.

— Baiyinbaolige, je n'arrivais pas, à cette époque-là, à deviner où tu étais. Je me souviens simplement que la charrette vacillait dans l'eau et les roues projetaient des vagues fraîches qui éclaboussaient mon visage et mon corps. Je tenais ma fille serrée dans mes bras et cachais mon visage derrière son minuscule petit corps. Oh, à cet instant-là, combien je remerciais Gigige. Seul son petit corps me réchauffait vraiment... Bien sûr, je sais que tu n'aimes pas m'entendre parler ainsi, tu n'aimes pas cette enfant que j'ai eue de lui...

— Mais tu te trompes, m'écriai-je avec désespoir. (Je lui coupai la parole et j'essayai de plaider ma cause.) Shana, tu te trompes. Je l'aime, Gigige est une enfant adorable. En plus, elle m'aime. Elle m'appelle Bapa. Elle connaît aussi l'histoire de Ganga-Hala. J'ai noté combien elle aime bavarder avec moi.

Somia soupira. J'eus l'impression qu'elle souriait d'un air désolé dans l'ombre.

— Tu ne connais pas la vérité, Baiyinbaolige.

Elle hésita et reprit :

— Mon mari, lui, n'aime pas ma fille. L'année dernière, il avait un peu bu, et l'a battue, la traitant de bâtarde. Ensuite, pendant des jours entiers, elle me fixa avec des yeux étranges. Son regard terrifiant me fit peur et je lui dis en cachette : « Gigige, tu as un Bapa. Il est en train de voyager dans le monde entier sur un beau cheval noir que nous avions appelé Ganga-Hala. Ce Bapa est ton père. Son nom est Baiyinbaolige. Un jour, sur son bel étalon noir, il apparaîtra tout d'un coup, il viendra nous voir. »

Je regardai le lit en brique. Gigige dormait dans un coin, cachée sous ses couvertures en feutre. Ses petites mains lui servaient d'oreiller. Fatiguée, Somia laissa tomber sa tête et soupira longuement.

— Ne m'en veux pas, Baiyinbaolige, murmura-t-elle d'une voix inaudible. Je n'avais vraiment pas d'autre moyen. Je pensais ne plus jamais te revoir dans cette vie.

Pris de courage, je lui tendis la main, et caressai ses cheveux hirsutes. Elle tressaillit et cacha son visage derrière ses mains.

Longtemps après, elle leva brusquement la tête, et me demanda d'une voix étrange et rauque :

— Mais pourquoi n'es-tu pas le père de Gigige ? Pourquoi ? Ce serait si merveilleux... Même si tu partais très loin, même si tu ne revenais jamais me voir.

Je restai là, hébété. Je n'arrivai pas à lui répondre. Ensuite, j'eus l'impression de réciter la phrase d'un autre :

— Tu es trop bonne, je ne peux pas, Somia.

Le feu de bouses mourut dans l'âtre. Les flammes noires et rouges n'existaient plus. Mais la petite maison d'argile sortait peu à peu de la pénombre. Sur les vitres, une lumière blanche apparaissait déjà. Sans le savoir, nous entrions dans l'aube.

Le jour se leva. Une aube inattendue, inoubliable. Notre aube à tous les deux.

VIII

Mon beau cheval s'emballe.
Ce n'est pas elle qui courait sur le flanc de la montagne.

Je restai cinq nuits dans la petite maison d'argile de Somia. Depuis cette aube, nous n'évoquâmes plus notre passé douloureux. J'attendis le retour de Dawachang pour lui dire adieu. A tous points de vue, c'était préférable.

Dans le petit bourg au bord du lac si pur de Nogaichoer, nous avions passé ensemble trois jours paisibles. Chaque jour, je m'occupais de mon cheval noir et j'aidais Somia dans ses dures besognes dont elle devait s'acquitter pour l'école. Je passais le reste de mon temps avec Gigige. Je partis, monté sur Ganga-Hala, à la commune de Baiyinoula pour lui acheter un nouveau cartable et des stylos. Je lui rapportai aussi un foulard en gaze bleu clair. Je voulais en cachette confirmer le mensonge de Somia. Pourquoi pas ? Pourquoi laisser éteindre cette étincelle dans le cœur de cette fillette de neuf ans ? Laissons-la imaginer que je suis son père. Je pourrais pendant toute ma vie jouer ce rôle. Peut-être que pour moi, ce serait plus important que pour elle.

Mais je m'aperçus que les choses étaient plus compliquées que je ne le pensais. Elle m'observait désormais avec des regards plus opiniâtres, plus aigus. Elle n'était devenue, en aucun cas, plus joyeuse ou plus enfantine.

Je me souvins qu'à la ville, j'avais vu chez un ami une photo de sa fille. C'était un agrandissement couleur sur papier Kodak, envoyé des Etats-Unis. Sa fille avait la même taille que Gigige. Elle avait suivi sa mère divorcée dans ce paradis terrestre. Elle portait sur cette photo un tee-shirt sur lequel était écrit « Happy ». Elle jouait avec insouciance avec des enfants aux yeux bleus et aux cheveux dorés. Elle souriait et elle semblait vraiment heureuse. J'avais soupiré ; comment avait-elle pu si facilement oublier son père et son pays. Gigige ne lui ressemblait en rien, elle était son opposé. Vêtue de haillons, les cheveux hirsutes collés comme des morceaux de feutrine, elle avançait avec peine sur ses petites jambes, les mains tendues. Elle portait de lourds seaux remplis d'eau puisée dans le lac. Elle faisait à la fois rire et pitié quand elle serrait dans ses bras ses frères pas vraiment plus petits qu'elle… Elle prit sans dire un mot les stylos et le foulard que je lui avais achetés. Puis, toujours muette, elle se mit à l'écart pour feuilleter un manuel scolaire. De temps à autre, elle me jetait un regard froid, comme si elle poursuivait sans relâche une dispute avec moi.

Je compris alors que ce genre de blessure, pour un enfant, ne se cicatriserait jamais. Elle se ferait encore plus violente au fur et à mesure qu'elle grandirait. Je haïssais cette force ignoble qui avait tout engendré. Existait-il quelque chose de plus terrible ?

Mais depuis ce matin-là, Somia avait oublié sa tristesse. Quand elle arriva à l'école, elle était joyeuse et resplendissante. Elle s'approcha des vaches, ses belles hollandaises, et tapota avec amour leurs têtes. Les bêtes remuaient sans cesse leur cou, dont la peau luisait comme du velours, et écarquillaient leurs yeux doux et intelligents. Elle s'accroupit et mit un seau en bois sur sa robe. Le lait tout blanc jaillit au fond du récipient. Les autres vaches s'approchaient et l'entouraient en attendant leur tour. Elle levait ses bras tout ronds... Son torse se balançait de droite à gauche. Elle y mettait tout son cœur et un sourire calme flottait sur son visage. Je la regardais, fasciné, depuis le mur. Quand la cloche sonna pour la récréation, tous les petits élèves, dans un vacarme assourdissant, coururent vers nous ; leurs petites têtes apparaissaient juste au-dessus du muret. Ils discutaient entre eux avec entrain, se chamaillaient et saluaient Somia de leurs voix enfantines et cristallines. Une fois son seau rempli, les enfants criaient et lui tendaient les mains. Elle leur passa le lait et les regarda s'éloigner pour le porter à la cantine. La sonnerie retentit à nouveau. Criant, courant, les enfants retournèrent vers les salles de classe comme une volée de moineaux qui s'envolent en piaillant.

Somia ferma la porte et marcha en direction du dortoir des enfants. Elle avait trempé les rideaux et leur housse de couette dans l'eau que je lui avais portée. Le soleil du matin était déjà haut au-dessus de la montagne de Baiyinoula. Les quelques petites maisons d'argile au bord du lac de Nogaichoer avaient retrouvé leur calme habituel. Elle lavait des vêtements et de ses mains mouillées écartait les cheveux dispersés sur son visage tout en parlant avec les passants. Le soleil éclairait son visage hâlé et ses yeux noirs. Elle était calme, confiante et douce. Bientôt les draps étendus sur les cordes à linge accrochées entre deux arbres claquèrent au vent comme des rangées de drapeaux. Somia se mit debout avec beaucoup de difficulté. Elle se frappa doucement les reins. Elle traîna ses pas lourds vers la petite maison d'argile, titubant légèrement, ramassant sur son chemin des fils de fer, des bouses et des petits morceaux de bois. Elle appela ses enfants, gardés par la voisine, une vieille Chinoise. Elle alluma le feu du four et avec sa hache cassa des briques de thé. Toute la famille entourait le lit en brique, et le thé bouillonnait dans la marmite.

Je l'observai longtemps. J'avais l'impression de voir toute sa vie en entier, son passé mais aussi son futur. La vie que, désormais, elle mènerait toujours. La veille de mon départ, Dawachang revint sur sa charrette. A midi, mademoiselle Ling, l'institutrice, arriva en courant pour nous inviter à déjeuner chez elle.

Les quatre enfants nous suivirent, Somia, Dawachang et moi-même. Nous nous installâmes autour de la table de son lit en brique bien chaud. La jeune institutrice était joyeuse et riait de bon cœur.

— Ecoutez bien tous la nouvelle que j'ai à vous annoncer. L'école vient de tenir une réunion au cours de laquelle il a été décidé de changer le statut de Somia ; désormais elle est employée à plein temps. Tu vas à présent t'occuper des affaires intérieures de l'école. Sœur Somia, entends-tu ? Maintenant les enfants t'appelleront institutrice.

Elle criait de joie tout en mettant rapidement des petits pains cuits à la vapeur sur la table.

— Il y a de quoi fêter ça, non ? Mais qu'avez-vous ? demanda-t-elle à Dawachang le charretier.

L'homme hochait le tête d'un air désapprobateur.

— Bois, frère Baiyinbaolige, dit-il en levant son verre. Regarde, elle va être institutrice ! Demain on me nommera chef du district.

L'institutrice mit les plats sur la table et le gronda :

— Vous n'avez pas honte de parler ainsi. Pour qui vous prenez-vous ? Vous ne savez que boire sitôt votre travail terminé. Mais les instituteurs ont insisté pendant la réunion sur le bienfait de la présence de Somia sur les enfants. Grâce à elle, le soir, ils s'endorment sans angoisse, sans penser à leur famille.

Somia avait peur, elle était intimidée. Elle tournait ses baguettes avec nervosité et en oubliait de manger. Elle regardait, d'un air ahuri, les enfants qui mangeaient voracement sans dire un mot. Puis, comme si elle se réveillait, elle s'écria :

— Mais ils se sont trompés, comment pourrai-je devenir institutrice ?

Elle jeta ses baguettes et cacha sa tête dans ses mains. Mais déjà je m'aperçus que son visage retrouvait sa belle expression, que ni la timidité ni la crainte ne parvenaient à cacher. Une expression qu'elle affichait rarement. Mademoiselle Ling, l'institutrice, parlait, souriante. Elle servit les enfants en viande et légumes, et remplit d'alcool les verres des adultes. Tout en mangeant, Gigige feuilletait une bande dessinée. Dawachang vida son verre et sermonna son enfant qui n'était pas sage. Somia resta assise dans son coin, toute seule. Elle ne dit pas un mot. A quoi pensait-elle ? Les enfants, eux, en revanche, étaient bruyants. L'institutrice parlait. Son mari buvait. Elle jetait de temps à autre un regard vers eux avant de se replonger dans le silence. C'était peut-être la première fois de sa vie qu'elle ressentait de la fatigue, et qu'elle pourrait enfin prendre le temps de se reposer. Elle pensait sûrement à ces années difficiles, à cette amertume qui commençait à disparaître. Son visage se détendit. Son regard, égaré, fixait le lointain. Il était empreint de cet amour et de cette pitié qui m'étonnaient. « Tu as changé, ma Shana, ma jeune fille belle comme les nuages rosés de l'aube. Pareille à toutes les filles de la steppe, toi aussi, tu arrives au bout de ce sentier sinueux parmi les herbes sauvages. Et tu as vécu ce qu'elles ont toutes vécu : joie, peines, humiliations, résignations. Tu es partie pour toujours et tu es devenue une femme nouvelle, mûre, de notre steppe mongole. »

Dans les dernières paroles de la vieille ballade *Mon beau cheval noir*, le cavalier s'aperçoit, à la fin, que la femme qu'il a trouvée sur le flanc de la montagne où poussent les armoises n'est pas la sœur qu'il a cherchée partout. En fait, petit, quand j'entendais cette dernière phrase, je n'en comprenais pas le sens. Depuis, chaque fois que je pense à Somia en fredonnant cette vieille romance, je me dis combien à cet endroit elle atteint la quintessence même. Par sa négation finale, cette chanson fade et insipide termine avec une puissance considérable un suspens lancinant. Elle déploie une beauté antique, tragique, foncièrement mélancolique.

Le lendemain matin, je pris les brides de Ganga-Hala et je dis adieu à Dawachang, à Gigige et aux autres enfants. Somia m'accompagna. En tirant le cheval, nous contournâmes le lac de Nogaichoer aux eaux pures au petit matin, et montâmes lentement le sentier qui me conduirait directement vers le siège de la bannière.

Je fis des efforts démesurés pour me montrer joyeux. Je lui racontai ma vie à l'Institut de l'agriculture, à la Région autonome. Je lui parlai de tout et de rien, lui donnai mon avis sur l'éducation de Gigige.

Ce matin-là, les brumes épaisses s'enroulaient bas, à fleur de lac. Les nuages humides, dans le firmament, s'allongeaient en fines lanières. Dans la profondeur de la vallée, à l'abri du vent, les nuages se confondaient avec le brouillard du lac. Il n'y avait que le soleil levant, rouge, clair, immense, qui montait dans le silence, derrière le grand rideau céleste. Ses rayons paraissaient rosés au travers de la brume mouvante et se projetaient obliques à la surface de l'eau bleuie.

La tête baissée, Somia marchait à côté de moi. La rosée mouillait sa robe. Dans cette prairie parsemée des « lotus aux sabots de chevaux », qui s'étendait depuis le petit sentier jusqu'au flanc de la colline, je me tournai vers elle, en me jurant de ne pas créer de scène tragique d'adieu.

— Au revoir, Somia, dis-je, et j'enfourchai Ganga-Hala.

— Bapa ! Somia m'interpella, d'une voix déchirée.

Je tressaillis, et retins les brides du cheval. C'était la première fois et la dernière qu'elle m'appelait de façon aussi intime.

Somia fit quelques pas en avant, ses deux mains attrapèrent les brides. Essoufflée, elle parla :

— J'ai quelque chose à te dire, j'ai une demande à te faire. Je ne sais pas si je dois ou pas.

Remplie d'espoir, elle fixa mes yeux, hésita, et déclara finalement d'un ton excité et fervent :

— Si, un jour, tu as un enfant, et... que ton épouse... n'y voit pas d'inconvénient, envoie-moi ton enfant... Envoie-moi ton enfant ici ! Tu comprends ? Je l'élèverai et je vous le rendrai après !

Ses yeux étaient remplis de larmes.

— Tu sais, je ne peux plus avoir d'enfants et j'en souffre. J'ai besoin d'un bébé à serrer dans mes bras, sans un bébé qui tète, je ne peux pas vivre... J'ai toujours pensé demander ça à n'importe qui d'autre. Oui, quand tu seras marié, tu seras trop occupé, promets-moi, fais un enfant et envoie-le-moi ! Je l'élèverai et je te le rendrai...

Je l'écoutai, secoué.

Je me souvins de grand-mère, de cette sagesse ancestrale dont elle m'avait parlé et dont je m'étais moqué en faisant des grimaces. Grand-mère ne se réveillerait plus. Mais j'étais certain qu'en ce moment elle connaissait la tranquillité totale. J'avais presque envie de dire à Somia : « Shana, ma douce, un jour tu seras aussi sage que grand-mère. » Mais je n'osai pas. Ce n'était d'ailleurs peut-être pas vrai. Je restai figé sur mon cheval, et écoutai ses épanchements, ahuri, hébété. Je réalisai que quelqu'un comme moi n'arriverait jamais à la comprendre. Je regardai Somia fixement. Cette fillette aux tresses en forme de cornes de bélier, qui chevauchait le bœuf, blottie contre moi, cette jeune fille dont la ceinture bien serrée dessinait la courbe de ses reins et qui courait vers moi, cette fille dans le soleil levant, et enfin cette femme, cette mère, cette maîtresse de maison, dans la maisonnette d'argile du charretier… Toutes ces images défilaient devant mes yeux avec une rapidité foudroyante. J'entrevoyais une trace dans cette existence ; je percevais une vie pleine d'émotions et une histoire pleine d'humanité. « Ce sera bientôt ton tour ! » me dis-je à moi-même.

Je lâchai les brides de Ganga-Hala. Sa crinière noire tremblait le long de son cou. Il bondit et s'élança comme une flèche, laissant le vent agité derrière lui. Il s'éloigna dans un sifflement. Je montai sur la ligne d'horizon. Une fois arrivé sur la colline, je tirai sur les brides de ma monture. Dans l'immense océan d'herbes, le dos minuscule de Somia s'avançait vers l'autre rive. Adieu, ma Shana. Continue ta vie. Laisse-moi partir, avec tous mes souvenirs, ceux que je garde de toi, avec cet amour qui nous lie et que rien ne souillera jamais. Avec la force que tu m'as donnée, les réflexions que tu m'as inspirées, je trouverai une nouvelle vie… Un jour j'aurai un fils, je te le conduirai en chevauchant Ganga-Hala, notre beau cheval noir, et je te le confierai, pour qu'il vive avec Gigige, tout comme le jour où mon père m'avait confié à grand-mère, la vieille Egi aux cheveux argentés. Mais je ne serai pas irresponsable comme mon père, aussi simple que lui. Je resterai avec toi, nous travaillerons ensemble, pour que les générations suivantes connaissent plus de bonheur, qu'elles ne soient pas noyées dans l'obscurité.

Ganga-Hala galopait en suivant la large pente. Les collègues du service du Planning du Département de l'élevage avaient sûrement terminé leurs travaux d'enquête ; il fallait les rejoindre pour commencer un nouveau travail.

A ce moment-là, de la profondeur de l'univers, des sons légers flottaient vers nous. Ils s'approchaient, mais difficiles à saisir, comme s'ils transmettaient un message inquiétant dans l'air dense au-dessus de la steppe. A peine les eus-je distingués qu'ils déferlèrent avec l'impétuosité d'un raz de marée ou d'une avalanche suivie d'une tempête grandiose. J'étais profondément attiré par ces sons. Mon beau cheval galopait en rythme. Ensuite, dans le préliminaire grandiose, tel un vent violent, s'écoula une mélodie merveilleuse et pathétique. Elle montait et descendait, tantôt excitante, tantôt apaisante, comme si elle racontait la vie immémoriale de la steppe.

Ces airs se succédaient sans fin, comme le mouvement des vagues ; ils frappaient mon cœur. Scandés par le son des sabots et les pas cadencés de Ganga-Hala, ils transmettaient à l'immensité de la steppe nos états d'âme. Au cœur de cette vigoureuse musique que le ciel et la terre ensemble avaient orchestrée, j'entonnai à voix basse l'air de *Mon beau cheval noir*, de la première jusqu'à la dernière strophe, pour finir par la touche négative qui termine la chanson.

Au moment où ma chanson et la musique de l'univers, avec leurs échos traînants, s'estompèrent pour mourir totalement, je descendis de mon cheval et jetai mon corps dans cette prairie drue, aux senteurs d'une jeunesse éternelle. Seul, dans le silence, j'embrassai cette steppe au goût amer, j'embrassai cette terre humide, qui conservait les traces de Somia et les miennes, où brûlaient nos amours impossibles. J'embrassai cette terre d'où avait jailli ce magnifique lever de soleil, d'où s'élevaient les multiples voix de mes amis et de mes proches. Dans le silence, je pleurai. Sur les tiges d'herbes vertes et les jeunes feuilles naissantes restèrent accrochées mes larmes riches de secrets, qui disaient adieu au passé. Je voulais laisser ici tout ce qui constituait mon passé. Avec un cœur plus riche, moins triste, je marcherai vers le lendemain, comme le berger, dans la vieille ballade mongole, sur son beau cheval noir.

Achevé d'imprimer
sur les presses
de l'imprimerie France-Quercy
à Cahors

Dépôt légal : décembre 2002
N° d'impression : 22736